El doctor BRIAN L. WEISS es psiquiatra y escritor de éxito. Se graduó en la Universidad de Columbia y se licenció en la Facultad de Medicina de Yale. Ha trabajado como director del Departamento de Psiquiatría del Centro Médico Mount Sinai, en Miami.

El doctor Weiss dispone de una consulta privada en Miami. Sus colaboradores son psicólogos y asistentes sociales que también utilizan la regresión y otras técnicas de psicoterapia espiritual en su trabajo. Además, dirige seminarios nacionales e internacionales, talleres experimentales y programas de formación para profesionales.

Es autor de diversos libros, entre ellos *Muchas vidas, muchos maestros*, *Lazos de amor*, *Los mensajes de los Sabios*, *Sólo el amor es real*, *Meditación*, *Espejos del tiempo* y *Eliminar el estrés*, todos ellos publicados por B.

www.brianweiss.com

Título original: *Many Lives, Many Masters*

Primera edición en Estados Unidos: junio de 2018

ISBN: 978-1-947783-41-6

Impreso en Colombia - *Printed in Colombia*

23 24 25 26 27   10 9 8 7

Muchas vidas, muchos maestros

BRIAN WEISS

A Carole, mi esposa, cuyo amor me ha nutrido y sustentado por más tiempo del que puedo recordar.
Estamos juntos hasta el fin de los tiempos.

Prefacio

Sé que hay un motivo para todo. Tal vez en el momento en que se produce un hecho no contamos con la penetración psicológica ni la previsión necesarias para comprender las razones, pero con tiempo y paciencia saldrán a la luz.

Así ocurrió con Catherine. La conocí en 1980, cuando ella tenía veintisiete años. Vino a mi consultorio buscando ayuda para su ansiedad, sus fobias, sus ataques de pánico. Aunque estos síntomas la acompañaban desde la niñez, en el pasado reciente habían empeorado mucho. Día a día se encontraba más paralizada emocionalmente, menos capaz de funcionar. Estaba aterrorizada y, comprensiblemente, deprimida.

En contraste con el caos de su vida en esos momentos, mi existencia fluía con serenidad. Tenía un matrimonio feliz y estable, dos hijos pequeños y una carrera floreciente.

Desde el principio mismo, mi vida pareció seguir siempre un camino recto. Crecí en un hogar con amor. El éxito académico se presentó con facilidad y, apenas ingresado en la facultad, había tomado ya la decisión de ser psiquiatra.

Me gradué en la Universidad de Columbia, Nueva York, en 1966, con todos los honores. Proseguí mis estudios en la escuela de medicina de la Universidad de Yale, donde recibí mi diploma de médico en 1970. Después de un internado en el centro médico de la Universidad de Nueva York (Bellevue Medical Center), volví a Yale para completar mi residencia como psiquiatra. Al terminarla, acepté un cargo en la Universidad de Pittsburgh. Dos años después me incorporé a la Universidad de Miami, para dirigir el departamento Psicofarmacológico. Allí logré renombre nacional en los campos de la psiquiatría biológica y el abuso de drogas. Tras cuatro años fui ascendido al rango de profesor asociado de psiquiatría y designado jefe de la misma materia en un gran hospital de Miami, afiliado a la universidad. Por entonces ya había publicado treinta y siete artículos científicos y estudios de mi especialidad.

Los años de estudio disciplinado habían adiestrado mi mente para pensar como médico y científico, moldeándome en los senderos estrechos del conservadurismo profesional. Desconfiaba de todo aquello que no se pudiera demostrar según métodos científicos tradicionales. Tenía noticias de varios estudios de parapsicología que se estaban realizando en universidades importantes de todo el país, pero no me llamaban la atención. Todo eso me parecía descabellado en demasía.

Entonces conocí a Catherine. Durante dieciocho

meses utilicé métodos terapéuticos tradicionales para ayudarla a superar sus síntomas. Como nada parecía causar efecto, intenté la hipnosis. En una serie de estados de trance, Catherine recuperó recuerdos de «vidas pasadas» que resultaron ser los factores causantes de sus síntomas. También actuó como conducto para la información procedente de «entes espirituales» altamente evolucionados y, a través de ellos, reveló muchos secretos de la vida y de la muerte. En pocos y breves meses, sus síntomas desaparecieron y reanudó su vida, más feliz y en paz que nunca.

En mis estudios no había nada que me hubiera preparado para algo así. Cuando estos hechos sucedieron me sentí absolutamente asombrado.

No tengo explicaciones científicas de lo que ocurrió. En la mente humana hay demasiadas cosas que están más allá de nuestra comprensión. Tal vez Catherine, bajo la hipnosis, pudo centrarse en esa parte de su mente subconsciente que acumulaba verdaderos recuerdos de vidas pasadas; tal vez utilizó aquello que el psicoanalista Carl Jung denominó «inconsciente colectivo»: la fuente de energía que nos rodea y contiene los recuerdos de toda la raza humana.

Los científicos comienzan a buscar estas respuestas. Nosotros, como sociedad, podemos beneficiarnos mucho con la investigación de los misterios que encierran el alma, la mente, la continuación de la vida después de la muerte y la influencia de nuestras experiencias en vidas anteriores sobre nuestra conducta actual. Obviamente, las ramificaciones son ilimitadas, sobre todo en los campos de la medicina, la psiquiatría, la teología y la filosofía.

Sin embargo, la investigación científicamente rigurosa de estos temas está todavía en mantillas. Si bien se están dando grandes pasos para descubrir esta información, el proceso es lento y encuentra mucha resistencia tanto por parte de los científicos como de los legos.

A lo largo de la historia, la humanidad siempre se ha resistido al cambio y a la aceptación de ideas nuevas. Los textos históricos están llenos de ejemplos. Cuando Galileo descubrió las lunas de Júpiter, los astrónomos de su época se negaron a aceptar su existencia e incluso a mirar esos satélites, pues estaban en conflicto con las creencias aceptadas. Así ocurre ahora entre los psiquiatras y otros terapeutas, que se niegan a examinar y evaluar las considerables pruebas reunidas acerca de la supervivencia tras la muerte física y sobre los recuerdos de vidas pasadas. Mantienen los ojos bien cerrados.

Este libro es mi pequeña contribución a la investigación en el campo de la parapsicología, sobre todo en la rama que se refiere a nuestras experiencias antes del nacimiento y después de la muerte. Cada palabra de lo que aquí se va a contar es cierta. No he agregado nada y sólo he eliminado las partes repetitivas. He alterado ligeramente la identidad de Catherine para respetar su intimidad.

Me llevó cuatro años decidirme a escribir sobre lo ocurrido, cuatro años reunir valor para aceptar el riesgo profesional de revelar esta información, nada ortodoxa.

De pronto, una noche, mientras me duchaba, me sentí impelido a poner esta experiencia por escrito. Tenía la fuerte sensación de que era el momento correcto, de que no debía retener la información por más tiempo. Las lecciones que había aprendido estaban destinadas también a otros; no me habían sido dadas para que las mantuviera en secreto. El conocimiento había llegado por medio de Catherine, y ahora debía pasar a través de mí. Comprendí que, de cuantas consecuencias pudiera sufrir, ninguna sería tan devastadora como no compartir el conocimiento adquirido sobre la inmortalidad y el verdadero sentido de la vida.

Salí a toda carrera del baño y me senté ante mi escritorio, con el montón de cintas grabadas durante mis sesiones con Catherine. En las horas de la madrugada, pensé en mi viejo abuelo húngaro, que había muerto durante mi adolescencia. Cada vez que yo confesaba tener miedo de correr un riesgo, él me alentaba amorosamente, repitiendo su expresión favorita en nuestro idioma: «¿Qué diablos? —decía, con su acento extranjero—, ¿qué diablos?»

1

Cuando vi a Catherine por primera vez, ella lucía un vestido de color carmesí intenso y hojeaba nerviosamente una revista en mi sala de espera. Era evidente que estaba sofocada. Había pasado los veinte minutos anteriores paseándose por el pasillo, frente a los consultorios del departamento de Psiquiatría, tratando de convencerse de que debía asistir a su entrevista conmigo en vez de echar a correr.

Fui a la sala de espera para saludarla y nos estrechamos la mano. Noté que las suyas estaban frías y húmedas, lo cual confirmaba su ansiedad. En realidad, había tenido que reunir valor durante dos meses para pedir esa cita conmigo, pese a que dos médicos del personal, hombres en quienes ella confiaba, le habían aconsejado insistentemente que me pidiera ayuda. Finalmente, allí estaba.

Catherine es una mujer extraordinariamente atractiva, de ojos color avellana y pelo rubio, medianamente largo. Por esa época trabajaba como técnica de laboratorio en el hospital donde yo era jefe de Psiquiatría; también se ganaba un sobresueldo como modelo de trajes de baño.

La hice pasar a mi consultorio y la conduje hasta un gran sillón de cuero que había tras el diván. Nos sentamos frente a frente, separados por mi escritorio semicircular. Catherine se reclinó en su sillón, callada, sin saber por dónde empezar. Yo esperaba, pues prefería que fuera ella misma quien eligiera el tema inicial; no obstante, al cabo de algunos minutos empecé a preguntarle por su pasado. En esa primera visita, comenzamos a desentrañar quién era ella y por qué acudía a verme.

En respuesta a mis preguntas, Catherine reveló la historia de su vida. Era la segunda de tres hijos, criada en el seno de una familia católica conservadora, en una pequeña ciudad de Massachusetts. Su hermano, tres años mayor que ella, era muy atlético y disfrutaba de una libertad que a ella nunca se le permitió. La hermana menor era la favorita de ambos padres.

Cuando empezamos a hablar de sus síntomas se puso notablemente más tensa y nerviosa. Comenzó a hablar más deprisa y se inclinó hacia delante, con los codos apoyados en la mesa. Su vida siempre había estado repleta de miedos. Tenía miedo del agua; tenía tanto miedo de asfixiarse que no podía tragar píldoras; también la asustaban los aviones, y la oscuridad; la aterrorizaba la idea de morir. En los últimos tiempos, esos miedos habían comenzado a empeorar. A fin de sentirse a salvo solía dormir en el amplio ropero de su apartamento. Sufría dos o tres horas de insomnio antes de poder conciliar el sueño. Una vez dormida, su sueño era ligero y agitado; se despertaba con frecuencia. Las pesadillas y los episodios de sonambulismo que habían atormentado su infancia empezaban a repetirse. A medida que los miedos y los síntomas la iban paralizando cada vez más, mayor era su depresión.

Mientras Catherine hablaba, percibí lo profundo de sus sufrimientos. En el curso de los años, yo había ayudado a muchos pacientes como ella a superar el tormento de los miedos; por eso confiaba en poder prestarle la misma ayuda. Decidí que comenzaríamos por ahondar en su niñez, buscando las raíces originarias de sus problemas. Por lo común, este tipo de indagación ayuda a aliviar la ansiedad. En caso de necesidad, y si ella lograba tragar píldoras, le ofrecería alguna medicación suave contra la ansiedad, para que estuviera más cómoda. Era el tratamiento habitual para sus síntomas, y yo nunca vacilaba en utilizar sedantes (y hasta medicamentos antidepresivos) para tratar las ansiedades y los miedos crónicos y graves. Ahora recurro a ellos con mucha más moderación y sólo durante breves períodos, si acaso. No hay medicamento que pueda llegar a las verdaderas raíces de estos síntomas. Mis experiencias con Catherine y otros pacientes como ella así me lo han demostrado. Ahora sé que se puede curar, en vez de limitarse a disimular o enmascarar los síntomas.

Durante esa primera sesión yo trataba, con suave insistencia, de hacerla volver a la niñez. Como Catherine recordaba asombrosamente pocos hechos de sus primeros años, me dije que debía analizar la posibilidad de utilizar la hipnoterapia como una posible forma de abreviar el tratamiento para superar esa represión. Ella no recordaba ningún momento especialmente traumático de su niñez que explicara esos continuos miedos en su vida.

En tanto ella se esforzaba y abría su mente para recordar, iban emergiendo fragmentos aislados de memoria. A los cinco años había sufrido un ataque de pánico cuando alguien la empujó desde un trampolín a una piscina. No obstante, dijo que incluso antes de ese incidente no se había sentido nunca cómoda en el agua. Cuando Catherine tenía once años, su madre había caído en una depresión grave. El extraño modo en que se alejaba de su familia hizo que fuera necesario consultar con un psiquiatra y someterla a electrochoque. Debido a ese tratamiento a su madre le costaba recordar cosas. La experiencia asustó a Catherine, pero aseguraba que, cuando su madre mejoró y volvió a ser como siempre, esos miedos se disiparon. Su padre tenía un largo historial de excesos alcohólicos; a veces, el hijo mayor tenía que ir al bar del barrio para recogerlo.

El creciente consumo de alcohol lo llevaba a reñir frecuentemente con la madre de Catherine, quien entonces se volvía retraída y malhumorada. Sin embargo, la muchacha consideraba eso como un patrón familiar aceptado.

Fuera de casa todo iba mejor. En la escuela secundaria salía con muchachos y mantenía un trato fácil con sus amigos, a la mayoría de los cuales conocía desde varios años atrás. Sin embargo, le resultaba difícil confiar en la gente, sobre todo en quienes no formaban parte del reducido círculo de sus amistades.

En cuanto a la religión, para ella era simple y no se planteaba dudas. Se le había enseñado a creer en la ideología y las prácticas católicas tradicionales, sin que ella pusiera realmente en tela de juicio la verdad y validez de su credo. Estaba segura de que, si una era buena católica y vivía como era debido, respetando la fe y sus ritos, sería recompensada con el paraíso; si no, sufriría el purgatorio o el infierno. Un Dios patriarcal y su Hijo se encargaban de esas decisiones definitivas. Más tarde descubrí que Catherine no creía en la reencarnación; de hecho, sabía muy poco de ese concepto, aunque había leído algo sobre los hindúes. La idea de la reencarnación era contraria a su educación y su comprensión. Nunca había leído sobre temas metafísicos u ocultistas porque no le interesaban en absoluto. Estaba segura de sus creencias.

Terminada la escuela secundaria, Catherine cursó dos años de estudios técnicos, que la capacitaron como técnica de laboratorio. Contando con una profesión y alentada por la mudanza de su hermano a Tampa, Catherine consiguió un puesto en Miami, en un gran hospital asociado con la Universidad de Miami. Ciudad a la que se trasladó en la primavera de 1974, a la edad de veintiún años.

La vida de Catherine en su pequeña ciudad había sido más fácil que la que tuvo que llevar en Miami; sin embargo, le alegraba haber escapado a sus problemas familiares.

Durante el primer año que pasó allí conoció a Stuart: un hombre casado, judío y con dos hijos; diferente en todo de los hombres con quienes había salido. Era un médico de éxito, fuerte y emprendedor. Entre ellos había una atracción irresistible, pero las relaciones resultaban inestables y tempestuosas. Había algo en él que despertaba las pasiones de Catherine, como si la hechizara. Por la época en que ella inició la terapia, su relación con Stuart iba por el sexto año y aún conservaba todo su vigor, aunque no marchara bien. Catherine no podía resistirse a él, aunque la trataba mal y la enfurecía con sus mentiras, sus manipulaciones y sus promesas rotas.

Varios meses antes de su entrevista conmigo, Catherine había sufrido una operación quirúrgica de las cuerdas vocales, afectadas por un nódulo benigno. Ya estaba ansiosa antes de la operación, pero al despertar, en la sala de recuperación, se encontraba absolutamente aterrorizada. El personal de enfermería se esforzó horas enteras por calmarla. Después de reponerse en el hospital, buscó al doctor Edward Poole. Ed era un bondadoso pediatra a quien Catherine había conocido mientras trabajaba en el hospital. Entre ambos surgió un entendimiento instantáneo, que se fue convirtiendo en estrecha amistad. Catherine habló francamente con Ed; le contó sus temores, su relación con Stuart y su sensación de estar perdiendo el control de su vida. Él insistió en que pidiera una entrevista conmigo, personalmente, no con alguno de mis asociados. Cuando Ed me llamó para ponerme al tanto de ese consejo, agregó que, por algún motivo, le parecía que sólo yo podía comprender de verdad a Catherine, aunque los otros psiquiatras también tenían una excelente preparación y eran terapeutas capacitados. Sin embargo, Catherine no me llamó.

Pasaron ocho semanas. Como mi trabajo como jefe del departamento de Psiquiatría me absorbe mucho, olvidé la llamada de Ed. Los miedos y las fobias de Catherine empeoraban. El doctor Frank Acker, jefe de Cirugía, la conocía superficialmente desde hacía años y solía bromear con ella cuando visitaba el laboratorio donde trabajaba. Él había notado su desdicha de los últimos tiempos y percibido su tensión. Aunque había querido decirle algo en varias oportunidades, vacilaba. Una tarde, mientras iba en su coche a un hospital apartado donde debía dar una conferencia, vio a Catherine, que volvía en su propio automóvil a casa, cercana a ese pequeño hospital. Siguiendo un impulso, le indicó por señas que se hiciera a un lado de la carretera.

—Quiero que hables ahora mismo con el doctor Weiss —le gritó por la ventanilla—. Sin demora.

Aunque los cirujanos suelen actuar impulsivamente, al mismo Frank le sorprendió su rotundidad.

Los ataques de pánico y la ansiedad de Catherine iban siendo más frecuentes y duraban más. Empezó a sufrir dos pesadillas recurrentes. En una, un puente se derrumbaba mientras ella lo cruzaba al volante de su automóvil. El vehículo se hundía en el agua y ella quedaba atrapada, ahogándose. En el segundo sueño se encontraba encerrada en un cuarto totalmente oscuro, donde tropezaba y caía sobre las cosas, sin lograr hallar una salida.

Por fin, vino a verme.

Durante mi primera sesión con Catherine yo no tenía la menor idea de que mi vida estaba a punto de trastrocarse por completo, de que esa mujer asustada y confundida, sentada frente a mi escritorio, sería el catalizador, ni de que yo jamás volvería a ser el mismo.

2

Pasaron dieciocho meses de psicoterapia intensiva; Catherine venía a verme una o dos veces por semana. Era buena paciente: verbalmente expresiva, capaz de penetrar en lo psíquico y muy deseosa de mejorar.

En ese tiempo exploramos sus sentimientos, sus ideas y sus sueños. El hecho de que supiera reconocer los patrones de conducta recurrentes le proporcionaba penetración y entendimiento. Recordó muchos otros detalles importantes de su pasado, tales como las ausencias de su padre, que era marino mercante, y sus ocasionales arrebatos violentos después de beber en exceso. Comprendía mucho mejor sus relaciones turbulentas con Stuart y expresaba el enojo de manera más apropiada. En mi opinión, por entonces debería haber mejorado mucho. Los pacientes mejoran casi siempre cuando recuerdan influencias desagradables de su pasado, cuando aprenden a reconocer y corregir patrones de conducta inadaptada y cuando desarrollan la capacidad de ver sus problemas desde una perspectiva más amplia y objetiva. Pero Catherine no había mejorado.

Aún la torturaban los ataques de ansiedad y pánico. Continuaban las vívidas pesadillas recurrentes y todavía la aterrorizaban el agua, la oscuridad y estar encerrada. Aún dormía de manera interrumpida, sin descansar. Sufría palpitaciones cardíacas. Continuaba negándose a tomar medicamentos por temor a ahogarse con las píldoras. Yo me sentía como si hubiera llegado a un muro: por mucho que hiciera, el muro seguía siendo tan alto que ninguno de los dos podía franquearlo. Sin embargo, este sentimiento de frustración me dio todavía mayor decisión: de algún modo ayudaría a Catherine.

Y entonces ocurrió algo extraño. Aunque tenía un intenso miedo a volar y debía darse coraje con varias copas al subir a un avión, Catherine acompañó a Stuart a un congreso médico que se realizó en Chicago, en la primavera de 1982. Mientras estaban allí, insistió para que él la llevara a visitar la exposición egipcia del museo de arte, donde hicieron un recorrido en grupo con un guía.

Catherine siempre había sentido interés por los objetos y las reproducciones de reliquias provenientes del antiguo Egipto. No se la podía considerar erudita en el tema y nunca había estudiado ese período histórico, pero en cierto modo las piezas le parecían familiares.

Cuando el guía comenzó a describir algunos de los objetos expuestos, ella se descubrió corrigiéndolo... ¡y tenía razón! El guía estaba sorprendido; Catherine, atónita. ¿Cómo sabía esas cosas? ¿Por qué estaba tan segura de tener razón como para corregir al hombre en público? Tal vez eran recuerdos olvidados de la infancia.

En su visita siguiente me contó lo ocurrido. Meses antes yo le había sugerido la hipnosis, pero ella tenía miedo y se resistía. Debido a su experiencia en la exposición egipcia, aceptó, aunque a regañadientes.

La hipnosis es una excelente herramienta para que un paciente recuerde incidentes olvidados durante mucho tiempo. No encierra misterio alguno: se trata sólo de un estado de concentración enfocada. Siguiendo las instrucciones de un hipnotista bien preparado, el paciente relaja el cuerpo, con lo que la memoria se agudiza. Yo había hipnotizado a cientos de pacientes; me resultaba útil para reducir la ansiedad, eliminar fobias, cambiar malos hábitos y ayudar a rememorar material reprimido. Ocasionalmente había logrado la regresión de algún paciente a la primera infancia, hasta cuando tenía dos o tres años de edad, despertando así recuerdos de traumas muy olvidados que trastornaban su vida. Confiaba en que la hipnosis ayudaría a Catherine.

Le indiqué que se tendiera en el diván, con los ojos entrecerrados y la cabeza apoyada en una almohadita. Al principio nos concentramos en su respiración. Con cada exhalación liberaba tensiones y ansiedad acumuladas. Al cabo de varios minutos, le dije que visualizara sus músculos relajándose progresivamente: desde los de la cara y la mandíbula, pasando por los del cuello, los hombros, los brazos, la espalda y el estómago, hasta los de las piernas. Ella sentía que todo su cuerpo se hundía más y más en el diván.

Luego le di instrucciones de visualizar una intensa luz blanca en lo alto de su cabeza, dentro de su cuerpo. Más adelante, después de haber hecho que la luz se extendiera poco a poco por su cuerpo, la luminosidad relajó por completo todos los músculos, todos los nervios, todos los órganos, el cuerpo entero, llevándola a un estado de relajación y paz cada vez más profundo. Gradualmente sentía más sueño, más paz, más serenidad. A su debido tiempo, siguiendo mis indicaciones, la luz llenó completamente su cuerpo y la envolvió.

Conté hacia atrás, lentamente, de diez a uno. A cada número, Catherine entraba en un nivel de mayor relajación. Su trance se hizo más profundo. Podía concentrarse en mi voz, excluyendo cualquier otro ruido. Al llegar a uno, estaba ya en un estado de hipnosis moderadamente profundo. Todo el proceso había requerido unos veinte minutos.

Al cabo de un rato comencé a iniciarla en la regresión, pidiéndole que rememorara recuerdos de edades cada vez más tempranas. Podía hablar y responder a mis preguntas, siempre manteniendo un profundo nivel de hipnosis. Recordó una experiencia traumática con el dentista, ocurrida cuando ella tenía seis años. Tenía vívida memoria de la aterrorizadora experiencia de los cinco años, al ser empujada a una piscina desde un trampolín; en aquella ocasión había sentido náuseas, y había tragado agua hasta asfixiarse; mientras lo narraba, empezó a dar arcadas en mi consultorio. Le indiqué que la experiencia había pasado, que estaba fuera del agua. Las arcadas cesaron y la respiración se hizo normal. Aún estaba en trance profundo.

Pero lo peor de todo había ocurrido a los tres años de edad. Recordó haber despertado en su dormitorio, a oscuras, consciente de que su padre estaba en el cuarto. Él apestaba a alcohol en aquel momento, y Catherine volvía a percibir ahora el mismo olor. El padre la tocó y la frotó, incluso «ahí abajo». Ella, aterrorizada, comenzó a llorar; entonces el padre le tapó la boca con una mano áspera, que no la dejaba respirar. En mi consultorio, en mi diván, veinticinco años después, Catherine sollozaba.

Tuve la certeza de que ya contábamos con la información, que ya teníamos la clave de lo que sucedía. Estaba seguro de que sus síntomas se aliviarían con enorme rapidez. Le indiqué, suavemente, que la experiencia había terminado: ya no estaba en su dormitorio, sino descansando apaciblemente, aún en trance. Los sollozos cesaron. La llevé hacia delante en el tiempo, hasta su edad actual. La desperté después de ordenarle, por sugestión posthipnótica, que recordara todo cuanto me había dicho.

Pasamos el resto de la sesión analizando ese recuerdo, súbitamente vívido, del trauma ocasionado por su padre. Traté de ayudarla a que aceptara y asimilara su «nuevo» conocimiento. Ahora ella podía comprender su relación con el padre, por qué provocaba en él determinadas reacciones y frialdad, por qué ella le tenía miedo. Cuando salió del consultorio aún estaba temblando, pero yo sabía que la comprensión ganada compensaba el haber sufrido un malestar pasajero.

En el drama de descubrir sus dolorosos recuerdos, profundamente reprimidos, había olvidado por completo buscar la posible conexión infantil con los objetos egipcios. Pero, cuando menos, comprendía mejor su pasado. Había recordado varios acontecimientos aterrorizantes. Yo esperaba una importante mejoría de sus síntomas.

Pese a esa nueva comprensión, a la semana siguiente me informó de que sus síntomas se mantenían intactos, tan graves como siempre. Eso me sorprendió. No lograba entender qué fallaba. ¿Era posible que hubiera ocurrido algo antes de los tres años? Habíamos descubierto motivos sobrados para que temiera a la asfixia, al agua, a la oscuridad y al estar encerrada; sin embargo, los miedos penetrantes, los síntomas, la ansiedad desmedida aún devastaban su vida consciente. Sus pesadillas eran tan terroríficas como antes. Decidí llevarla a una regresión mayor.

Mientras estaba hipnotizada, Catherine hablaba en un susurro lento y claro. Gracias a eso pude anotar textualmente sus palabras y las he citado sin alteraciones. (Los puntos suspensivos representan pausas en su relato no correcciones u omisiones de mi parte. No obstante, parte de las repeticiones no han sido incluidas.)

Poco a poco, llevé a Catherine hasta la edad de dos años, pero no recordó nada importante. Le di instrucciones firmes y claras:

—Vuelve a la época en que se iniciaron tus síntomas.

No estaba en absoluto preparado para lo que sucedió a continuación:

—Veo escalones blancos que conducen a un edificio, un edificio grande y blanco, con columnas, abierto por el frente. No hay puertas. Llevo puesto un vestido largo... un saco hecho de tela tosca. Tengo el pelo rubio y largo, trenzado.

Yo estaba confundido. No estaba seguro de lo que estaba ocurriendo. Le pregunté qué año era ése, cuál era su nombre.

—Aronda... Tengo dieciocho años. Veo un mercado frente al edificio. Hay cestos... Esos cestos se cargan en los hombros. Vivimos en un valle... No hay agua. El año es 1863 a. de C. La zona es estéril, tórrida, arenosa. Hay un pozo; ríos, no. El agua viene al valle desde las montañas.

Después de escucharla relatar más detalles topográficos, le dije que se adelantara varios años en el tiempo y que me narrara lo que viera.

—Hay árboles y un camino de piedra. Veo una fogata donde se cocina. Soy rubia. Llevo un vestido pardo, largo y áspero; calzo sandalias. Tengo veinticinco años. Tengo una pequeña llamada Cleastra... Es Rachel. (Rachel es actualmente su sobrina, con la que siempre ha mantenido un vínculo muy estrecho.) Hace mucho calor.

Yo me llevé un sobresalto. Tenía un nudo en el estómago y sentía frío. Las visualizaciones y el recuerdo de Catherine parecían muy definidos. No vacilaba en absoluto. Nombres, fechas, ropas, árboles... ¡todo visto con nitidez! ¿Qué estaba ocurriendo ahí? ¿Cómo era posible que su hija de entonces fuera su actual sobrina? Pero la confusión era mayor que el sobresalto. Había examinado a miles de pacientes psiquiátricos, muchos de ellos bajo hipnosis, sin tropezar jamás con fantasías como ésa, ni siquiera en sueños. Le indiqué que se adelantara hasta el momento de su muerte. No sabía con seguridad cómo interrogar a un paciente en medio de una fantasía (¿o evocación?) tan explícita, pero estaba buscando hechos traumáticos que pudieran servir de base a sus miedos y sus síntomas actuales. Los acontecimientos que rodearan la muerte podían ser especialmente traumáticos. Al parecer, una inundación o un maremoto arrasaba la aldea.

—Hay olas grandes que derriban los árboles. No tengo hacia dónde correr. Hace frío; el agua está fría. Debo salvar a mi niña, pero no puedo... sólo puedo abrazarla con fuerza. Me ahogo; el agua me asfixia. No puedo respirar, no puedo tragar... agua salada. La pequeña me es arrancada de los brazos.

Catherine jadeaba y tenía dificultad para respirar. De pronto, su cuerpo se relajó por completo; su respiración se volvió profunda y regular.

—Veo nubes... Mi pequeña está conmigo. Y otros de la aldea. Veo a mi hermano.

Descansaba; esa vida había terminado. Permanecía en trance profundo. ¡Yo estaba estupefacto! ¿Vidas anteriores? ¿Reencarnación? Mi mente clínica me indicaba que Catherine no estaba fantaseando, que no inventaba ese material. Sus pensamientos, sus expresiones, su atención a los detalles en particular, todo se diferenciaba de su estado normal de conciencia. Por la mente me cruzó toda la gama de diagnósticos psiquiátricos posibles, pero su estado psíquico y su estructura de carácter no explicaban esas revelaciones. ¿Esquizofrenia? No; Catherine nunca había dado muestras de trastornos cognitivos o de pensamiento. Nunca había sufrido alucinaciones auditivas ni visuales (no oía voces ni tenía visiones estando despierta), ni ningún tipo de episodios psicopáticos. Tampoco se trataba de una ilusión (perder el contacto con la realidad). No tenía personalidad múltiple ni escindida. Sólo había una Catherine, y su mente consciente tenía perfecta conciencia de eso. No demostraba tendencias sociopáticas o antisociales. No era una actriz. No consumía drogas ni sustancias alucinógenas. Su consumo de alcohol era mínimo. No padecía enfermedades neurológicas o psicológicas que pudieran explicar esa experiencia vívida e inmediata en estado de hipnosis.

Ésos eran recuerdos de algún tipo, pero ¿de dónde procedían? Mi reacción instintiva era que acababa de tropezar con algo de lo que sabía muy poco: la reencarnación y los recuerdos de vidas pasadas.

«No puede ser», me decía; mi mente, científicamente formada, se resistía a aceptarlo. Sin embargo, estaba ocurriendo delante de mis ojos. Aunque no pudiera explicarlo, tampoco me era posible negar su realidad.

—Continúa —dije, algo nervioso, pero fascinado por lo que ocurría—. ¿Recuerdas algo más?

Ella recordó fragmentos de otras dos vidas.

—Tengo un vestido de encaje negro y encaje negro en la cabeza. Mi pelo es oscuro, algo canoso. Es 1756 (d. de C.). Soy española. Me llamo Luisa y tengo cincuenta y seis años. Estoy bailando. Hay otros que también bailan. (Larga pausa.) Estoy enferma; tengo fiebre, sudores fríos... Hay mucha gente enferma; la gente se muere... Los médicos no lo saben, pero fue por el agua.

La llevé hacia delante en el tiempo.

—Me recobro, pero aún me duele la cabeza; aún me duelen los ojos y la cabeza por la fiebre, por el agua... Muchos mueren.

Más adelante me dijo que en esa vida era prostituta, pero que no me había dado esa información porque la avergonzaba. Al parecer, en estado de hipnosis podía censurar algunos de los recuerdos que me transmitía.

Puesto que había reconocido a su sobrina en una vida anterior, le pregunté impulsivamente si yo estaba presente en alguna de sus existencias. Sentía curiosidad por conocer mi papel, si acaso lo tenía, en sus recuerdos. Me respondió con prontitud, en contraste con las evocaciones anteriores, muy lentas y pausadas.

—Tú eres mi maestro; estás sentado en un saliente de roca. Nos enseñas con libros. Eres anciano, de pelo gris. Usas un vestido blanco (una toga) con bordes dorados... Tú te llamas Diógenes. Nos enseñas símbolos, triángulos. Eres realmente muy sabio, pero yo no comprendo. El año es 1568 a. de C.

(La fecha era aproximadamente mil doscientos años anterior al famoso Diógenes, filósofo cínico de Grecia. El nombre no era muy insólito.)

La primera sesión había terminado. Le sucederían otras aún más asombrosas.

Cuando Catherine se hubo ido, y durante varios días más, reflexioné mucho en los detalles de la regresión hipnótica. Reflexionar es natural en mí. Muy pocos de los detalles que emergieran de una hora de terapia, incluso de las «normales», escapaban a mi obsesivo análisis mental, y esa sesión difícilmente podía considerarse «normal». Por añadidura, era muy escéptico con respecto a la vida después de la muerte, la reencarnación, las experiencias de abandono del cuerpo y los fenómenos de ese tipo. Después de todo, según pensaba la parte lógica de mi persona, eso podía ser fantasía de Catherine. En realidad, me sería imposible demostrar la veracidad de sus aseveraciones o visualizaciones. Pero yo también tenía conciencia, aunque mucho más difusa, de un pensamiento menos emocional. «Mantén la mente abierta —me decía ese pensamiento—, la verdadera ciencia comienza por la observación.» Sus «recuerdos» podían no ser fantasías ni imaginación. Podía haber algo más de lo que estaba a la vista... o al alcance de cualquier otro sentido. «Mantén la mente abierta. Consigue más datos.»

Otro pensamiento me importunaba. Catherine, tan propensa a temores y ansiedades desde siempre, ¿no tendría demasiado miedo de volver a someterse a la hipnosis? Resolví no llamarla. Que ella también digiriera la experiencia. Esperaría a la semana siguiente.

3

Una semana después, Catherine entró alegremente en mi consultorio para la siguiente sesión de hipnosis. Hermosa de por sí, estaba más radiante que nunca. Me anunció, feliz, que su eterno miedo a ahogarse había desaparecido. El miedo a asfixiarse era algo menor. Ya no la despertaba la pesadilla del puente que se derrumbaba. Aunque había recordado los detalles de su vida anterior, aún no tenía el material realmente asimilado.

Los conceptos de vidas pasadas y reencarnación eran extraños a su cosmología; sin embargo, sus recuerdos eran tan vívidos, las visiones, los sonidos y los olores tan claros, tan poderosa e inmediata la certeza de estar allí, que debía haber estado. La experiencia era tan abrumadora que ella no lo ponía en duda. Pero se preguntaba cómo conciliar eso con sus creencias y su educación.

Durante esa semana, yo había repasado el libro de texto de un curso de religiones comparadas que había seguido en mi primer año en la Universidad de Columbia. Había, ciertamente, referencias a la reencarnación en el Antiguo y en el Nuevo Testamento. En el año 325 d. de C., el emperador romano Constantino el Grande, junto con Helena, su madre, había eliminado las referencias a la reencarnación contenidas en el Nuevo Testamento. El segundo Concilio de Constantinopla, reunido en el 553, confirmó ese acto y declaró herética la idea de la reencarnación. Al parecer, consideraban que esta idea debilitaría el creciente poder de la Iglesia, al conceder a los seres humanos demasiado tiempo para buscar la salvación. Sin embargo, las referencias originarias habían existido; los primeros padres de la Iglesia aceptaban el concepto de la reencarnación. Los primitivos gnósticos —Clemente de Alejandría, Orígenes, san Jerónimo y muchos otros— estaban convencidos de haber vivido anteriormente y de que volverían a hacerlo.

Pero yo no había creído nunca en la reencarnación. Ni siquiera había pensado mucho en el tema. Aunque mi temprana educación religiosa hablaba de una vaga existencia del «alma» después de la muerte, la idea no me convencía.

Yo era el mayor de cuatro hijos, todos los cuales se llevaban tres años entre sí. Pertenecíamos a una conservadora sinagoga judía de Red Bank, una pequeña ciudad próxima a la costa de Nueva Jersey. Yo era el pacificador y el hombre de estado de la familia. Mi padre se dedicaba más a la religión que el resto de nosotros. La tomaba muy en serio, como todo en la vida. Los éxitos académicos de sus hijos eran las grandes alegrías de su existencia. Cualquier discordia doméstica lo alteraba con facilidad; entonces se retiraba, dejando que yo interviniera como mediador. Aunque ésa resultó ser una excelente práctica preparatoria para hacer carrera en la psiquiatría, mi niñez estuvo más cargada de responsabilidades de lo que yo, retrospectivamente, habría querido. Salí de la infancia convertido en un joven muy serio, habituado a tomar sobre sí demasiadas responsabilidades.

Mi madre se pasaba la vida mostrando amor. No había límites que se le interpusieran. Era más simple que mi padre; utilizaba la culpa, el martirio, la pena llevada al extremo y la identificación con sus hijos como instrumentos de manipulación, todo sin segundas intenciones. Pero rara vez se mostraba triste o malhumorada y siempre se podía contar con su amor y su apoyo.

Mi padre tenía un buen trabajo como fotógrafo industrial; pero, aunque siempre tuvimos comida en abundancia, el dinero escaseaba mucho. Peter, mi hermano menor, nació cuando yo tenía nueve años. Tuvimos que repartir a seis personas en un pequeño apartamento de dos dormitorios con un jardín en la planta baja.

En esa pequeña vivienda, la vida era febril y ruidosa. Yo buscaba refugio en mis libros. Cuando no leía interminablemente, jugaba al béisbol o al baloncesto, las otras pasiones de mi niñez. Sabía que el estudio era el modo de salir de esa pequeña ciudad, por cómoda que fuera, y siempre ocupaba el primer o el segundo puesto de mi clase.

Cuando la Universidad de Columbia me otorgó una beca completa, yo era ya un joven serio y estudioso. El éxito académico siguió siendo fácil. Terminé los estudios de química y me gradué con honores. Decidí entonces dedicarme a la psiquiatría, pues esa actividad combinaba mi interés por la ciencia con la fascinación que sentía por el funcionamiento de la mente humana. Por añadidura, la carrera médica me permitía expresar mi interés y mi compasión por el prójimo. Mientras tanto, había conocido a Carole durante unas vacaciones pasadas en un hotel de Catskill Mountain, donde yo trabajaba de camarero y ella se hospedaba. Ambos experimentamos una inmediata atracción mutua, una fuerte sensación de familiaridad y bienestar. Intercambiamos cartas, nos frecuentamos, nos enamoramos y, cuando empecé mi carrera, ya estábamos comprometidos. Ella era inteligente y hermosa. Todo parecía estar acomodándose. Pocos jóvenes se preocupan por la vida, la muerte y la vida después de la muerte, menos aún cuando todo marcha con facilidad.

Yo no era la excepción. Estaba dedicado a la ciencia; aprendía a pensar de manera lógica y desapasionada, a exigir demostraciones.

La carrera de medicina y la residencia en la Universidad de Yale hicieron que cuajara todavía más en mí el método científico. Mi tesis de investigación versó sobre la química del cerebro y el papel de los neurotransmisores, que son los mensajeros químicos del tejido cerebral. Me incorporé a la nueva raza de psiquiatras biológicos, los que mezclaban las teorías psiquiátricas tradicionales y sus técnicas con la nueva ciencia de la química cerebral. Escribí muchos artículos científicos, di conferencias locales y nacionales y me convertí en un verdadero personaje dentro de mi especialidad. Era un poco obsesivo, empecinado e inflexible, pero estos rasgos resultaban útiles para un médico. Me sentía completamente preparado para tratar a quienquiera que se presentara en mi consultorio en busca de terapia.

Y en aquel momento Catherine se convirtió en Aronda, una joven que había vivido en el año 1863 a. de C. ¿O acaso era al revés? Y allí estaba otra vez, feliz como nunca la había visto antes.

Una vez más, temí que Catherine tuviera miedo de continuar. Sin embargo, se dispuso, ansiosamente para la hipnosis y se distendió rápidamente.

—Estoy arrojando guirnaldas de flores al agua. Es una ceremonia. Tengo el pelo rubio y trenzado. Llevo un vestido pardo y dorado y sandalias. Alguien ha muerto, alguien de la casa real... la madre. Yo soy una sirvienta de la casa real y ayudo con la comida. Ponemos los cuerpos en salmuera durante treinta días. Cuando se secan, se extraen las partes. Lo huelo, huelo los cadáveres.

Había vuelto espontáneamente a la vida de Aronda, pero a una parte diferente, en la que su función consistía en preparar los cadáveres después de la muerte.

—En un edificio aparte —continuó—, puedo ver los cuerpos. Estamos envolviendo cadáveres. El alma pasa al otro lado. Cada uno se lleva sus pertenencias, a fin de prepararse para la vida siguiente, más grandiosa.

Estaba expresando algo que parecía el concepto egipcio de la muerte y el más allá, diferente de todas nuestras creencias. En esa religión, uno podía llevarse sus pertenencias consigo.

Dejó esa vida y descansó. Hizo una pausa de varios minutos antes de entrar en un tiempo que parecía antiguo.

—Veo hielo, colgando de una cueva... rocas... —Describió vagamente un sitio oscuro y miserable. Se sentía visiblemente incómoda. Más adelante detalló lo que había visto de sí misma—: Era fea, sucia y maloliente.

Y partió hacia otro tiempo.

—Hay algunos edificios y un carro con ruedas de piedra. Tengo el pelo castaño, cubierto con un paño. La carreta contiene paja. Soy feliz. Allí está mi padre... Me abraza. Es... es Edward (el pediatra que le aconsejó insistentemente que consultara conmigo). Es mi padre. Vivimos en un valle con árboles. En el patio hay olivos e higueras. La gente escribe en papeles. Están cubiertos de marcas raras, parecidas a letras. La gente escribe todo el día para hacer una biblioteca. Estamos en el 1536 a. de C. La tierra es estéril. Mi padre se llama Perseo.

El año no correspondía exactamente, pero tuve la seguridad de que estaba en la misma vida sobre la que me había informado en la sesión anterior. La llevé hacia delante en el tiempo, sin apartarla de esa vida.

—Mi padre te conoce (se refería a mí). Tú y él

conversáis sobre las cosechas, la ley y el gobierno. Dice que eres muy inteligente y que yo debería prestarte atención.

La adelanté un poco más.

—Él (su padre) está tendido en una habitación oscura. Es viejo y está enfermo. Hace frío... me siento tan vacía...

Siguió hasta el momento de su muerte.

—Ahora yo también soy vieja y débil. Allí está mi hija, cerca de mi cama. Mi esposo ya ha muerto. Mi yerno está allí, y también sus hijos. Hay muchas personas a mi alrededor.

Esa vez, su muerte fue apacible. Flotaba. ¿Flotaba? Eso me hizo pensar en los estudios del doctor Raymond Moody sobre las víctimas de experiencias de casi muerte. Sus sujetos también recordaban haber flotado antes de verse atraídos otra vez hacia el cuerpo. Yo había leído ese libro varios años antes; tomé nota mental de que debía releerlo. Me pregunté si Catherine recordaría algo más allá de la muerte, pero sólo pudo decir:

—Floto, nada más.

La desperté y di esa sesión por terminada.

Revolví las bibliotecas de medicina, con un apetito nuevo e insaciable por cualquier artículo científico que se hubiera publicado sobre la reencarnación. Estudié las obras del doctor Ian Stevenson, respetado profesor de psiquiatría en la Universidad de Virginia, quien ha publicado una extensa bibliografía psiquiátrica. El doctor Stevenson ha reunido más de dos mil ejemplos de niños con recuerdos y experiencias del tipo de la reencarnación. Muchos presentaban xenoglosia, la capacidad de hablar un idioma extranjero al que nunca habían estado expuestos. Estas historias clínicas están completas, cuidadosamente investigadas; son en verdad notables.

Leí un excelente panorama científico de Edgar Mitchell. Con gran interés, examiné los datos de percepciones extrasensoriales reunidos por la Universidad de Duke, y los escritos del profesor C. J. Ducasse de la Universidad de Brown; también analicé con atención los estudios de los doctores Martin Ebon, Helen Wambach, Gertrude Schmeidler, Frederick Lenz y Edith Fiore. Cuanto más leía, más quería leer. Comencé a comprender que, si bien me tenía por profesional bien informado con respecto a todas las dimensiones de la mente, mi instrucción era muy limitada. Hay bibliotecas enteras llenas de este tipo de investigación y bibliografía, pero son muy pocos los que las conocen. Una gran parte de esta investigación fue realizada, verificada y reproducida por respetables médicos y científicos. ¿Es posible que todos estuvieran equivocados, que se engañaran? Las pruebas parecían abrumadoramente positivas, pero yo aún dudaba. Abrumadoras o no, me costaba creer en ellas.

Tanto Catherine como yo, cada uno a su modo, habíamos quedado profundamente afectados por la experiencia. Catherine mejoraba en el plano emocional; yo ensanchaba los horizontes de mi mente. Ella, atormentada por sus miedos durante muchos años, empezaba a hallar algún alivio. Ya fuera por medio de recuerdos verdaderos, o por medio de vívidas fantasías, yo había hallado el modo de ayudarla y no pensaba detenerme.

Por un breve instante pensé en todo esto, mientras Catherine caía en trance, al iniciarse la sesión siguiente. Antes de la inducción hipnótica, ella me había relatado un sueño sobre cierto juego que se jugaba en viejos peldaños de piedra, con un tablero cuadriculado en el cual había agujeros. El sueño le había parecido especialmente vívido. Le indiqué que superara los límites normales del tiempo y el espacio, que fuera hacia atrás para ver si ese sueño tenía sus raíces en alguna reencarnación previa.

—Veo escalones que llevan a una torre... da a las montañas, pero también al mar. Soy un muchacho... Tengo el pelo rubio... extraño. Visto ropas cortas, pardas y blancas, hechas de pieles de animal. En lo alto de la torre hay algunos hombres que vigilan... guardias. Están sucios. Juegan a algo parecido al ajedrez, pero no es eso. El tablero no es cuadrado, sino redondo. Juegan con piezas afiladas, semejantes a dagas, que se ajustan a los agujeros. Las piezas tienen arriba cabezas de animales. ¿Territorio de Kirustán (ortografía fonética)? En los Países Bajos, alrededor de 1473.

Le pregunté el nombre del lugar en donde vivía y si podía ver u oír un año.

—Ahora estoy en un puerto marítimo; la tierra desciende hasta el mar. Hay una fortaleza... y agua.

Veo una cabaña... mi madre, cocinando en una olla de arcilla. Me llamo Johan.

Avanzó hasta su muerte. A esa altura de nuestras sesiones, yo aún buscaba un único y abrumador suceso traumático que pudiera causar o explicar sus síntomas actuales. Aun si esas visualizaciones, notablemente explícitas, eran pura fantasía (y yo no habría podido asegurarlo) lo que ella creyera o pensara podía aún servir de base a sus síntomas. Después de todo, yo había visto a pacientes traumatizados por sus sueños. Algunos no lograban recordar si un trauma de la infancia se había producido en la realidad o sólo en un sueño, pero su recuerdo todavía los obsesionaba en la vida adulta.

Lo que aún no apreciaba del todo era que el constante martilleo diario de las influencias socavadoras, como las críticas mordaces de un progenitor, podían causar traumas psíquicos incluso peores que un solo suceso traumático. Esas influencias perjudiciales, puesto que se funden con el entorno diario de la vida, son aún más difíciles de recordar y exorcizar. Una criatura criticada de manera constante puede perder tanta confianza y autoestima como quien recuerda haber sido humillado en una horrible ocasión especial. El niño nacido en una familia pobre, a quien diariamente le falta la comida en cantidad suficiente, puede sufrir con el tiempo los mismos problemas psíquicos que quien experimentó un único episodio importante en el que estuvo a punto de morir de hambre por casualidad. Pronto comprendería yo que el castigo cotidiano de fuerzas negativas debía ser reconocido y resuelto con tanta atención como la que se presta a un único y abrumador acontecimiento traumático.

Catherine comenzó a hablar.

—Hay botes, parecidos a canoas, pintados de colores intensos. Zona de Providence. Tenemos armas, lanzas, hondas, arcos y flechas, pero más grandes. En el bote hay remos grandes y extraños... Todo el mundo tiene que remar. Quizás estamos perdidos; está oscuro. No hay luces. Tengo miedo. Nos acompañan otros botes (una incursión de ataque, al parecer). Temo a los animales. Dormimos sobre sucias y malolientes pieles de animales. Estamos de exploración. Tengo zapatos extraños, como sacos... atados a los tobillos... hechos también con pieles de animal. (Larga pausa.) Siento en la cara el calor del fuego. Los míos están matando a los otros, pero yo no. No quiero matar. Tengo el cuchillo en la mano.

De pronto comenzó a gorjear y a respirar trabajosamente. Informó de que un combatiente enemigo la había aferrado desde atrás, por el cuello, para degollarla con un puñal. Vio la cara del asesino antes de morir: era Stuart. El aspecto del hombre era diferente, pero ella sabía que se trataba del mismo. Johan había muerto a los veintiún años.

Luego se encontró flotando por encima de su cuerpo y observando la escena de abajo. Se elevó hasta las nubes, perpleja y confundida. Pronto se sintió atraída hacia un espacio «diminuto y cálido». Estaba a punto de nacer.

—Alguien me tiene en brazos —susurró, lenta y

soñadoramente—, alguien que ayudó en el nacimiento. Lleva un vestido verde y delantal blanco. Y un sombrero blanco, doblado hacia atrás en las esquinas. Las ventanas del cuarto son muy extrañas... tienen muchas secciones. El edificio es de piedra. Mi madre tiene el pelo largo y oscuro. Quiere abrazarme. Tiene puesto un camisón extraño... áspero. Duele frotarse contra él. Es agradable estar al sol, abrigada otra vez. Es... ¡es la misma madre que tengo ahora!

En la sesión anterior, yo le había indicado que observara con atención a las personas importantes de cada vida, por si podía identificarlas con las personas importantes de su existencia actual. Según casi todos los escritores, los grupos de almas tienden a reencarnarse juntos una y otra vez, para elaborar el *karma* (deudas para con otros y para con uno mismo, lecciones que hay que aprender) a lo largo de muchas vidas.

En mis intentos de comprender ese extraño y espectacular drama que se desplegaba en mi tranquilo y penumbroso consultorio, sin que el resto del mundo lo supiera, yo quería verificar esa información. Sentía la necesidad de aplicar el método científico, el que había utilizado rigurosamente en los quince años de investigación previa, para evaluar ese curiosísimo material que emergía de los labios de Catherine.

Entre una y otra sesiones, la misma Catherine se iba volviendo más y más psíquica. Tenía intuiciones con respecto a personas y acontecimientos que resultaban acertadas. Durante la hipnosis había comenzado a anticiparse a mis preguntas, sin darme tiempo a formularlas. Muchos de sus sueños tenían una inclinación precognitiva o de adivinación.

En cierta ocasión en que sus padres fueron a visitarla, su padre expresó grandes dudas sobre lo que estaba ocurriendo. Para demostrarle que era cierto, ella lo llevó al hipódromo. Allí procedió a indicar al ganador de cada carrera. Su padre quedó atónito. Una vez demostrado lo que ella deseaba, tomó todo el dinero que había ganado y se lo entregó al primer pobre con quien se cruzó al salir del hipódromo. Sabía, por intuición, que los poderes espirituales recién obtenidos no debían ser utilizados para obtener recompensas materiales. Para ella tenían una importancia mucho más elevada. Según me dijo, esa experiencia la asustaba un poco, pero estaba tan complacida con los progresos logrados que se sentía ansiosa por continuar con las regresiones.

Por mi parte, sus habilidades psíquicas me espantaban y me fascinaban al mismo tiempo; sobre todo, el episodio del hipódromo. Era una prueba tangible: Catherine tenía el boleto ganador de cada una de las carreras. No se trataba de una coincidencia. Algo muy raro había estado pasando en esas últimas semanas, y yo me esforzaba por no perder mi perspectiva. No podía negar que la muchacha tenía aptitudes psíquicas. Y si éstas eran reales y podían producir pruebas tangibles, ¿serían verdad también sus descripciones de hechos acaecidos en vidas pasadas?

Ahora volvía a la vida en la que acababa de nacer. Esa encarnación parecía más reciente, pero no pudo identificar un año. Se llamaba Elizabeth.

—Ahora soy mayor; tengo un hermano y dos hermanas. Veo la mesa de la cena... Allí está mi padre... es Edward (el pediatra, nuevamente representando el papel de padre). Mis padres están riñendo otra vez. La comida es patatas con habichuelas, y él se ha enojado porque está fría. Discuten mucho. Él se pasa todo el tiempo bebiendo... Golpea a mi madre. (La voz de Catherine sonaba asustada y estaba visiblemente estremecida.) Empuja a los niños. No es como antes, no es la misma persona. No me gusta. Ojalá se fuera.

Hablaba como una criatura.

Las preguntas que yo le hacía en esas sesiones eran por supuesto muy diferentes de las que utilizaba en la psicoterapia normal. Con Catherine actuaba casi a la manera de un guía; trataba de revisar toda una vida én una o dos horas, buscando acontecimientos traumáticos y patrones perjudiciales que pudieran explicar sus síntomas de la actualidad. La terapia corriente se realiza a ritmo mucho más detallado y lento. Se analiza cada palabra elegida por el paciente, en busca de matices y significados ocultos. Cada gesto facial, cada movimiento del cuerpo, cada inflexión de la voz deben ser tenidos en cuenta y evaluados. Cada reacción emocional merece un cuidadoso escrutinio. Se construyen minuciosamente los patrones de conducta. Con Catherine, en cambio, los años podían transcurrir en minutos. Las sesiones con ella eran como conducir un auto de carreras a toda velocidad... y tratando de distinguir las caras de la multitud.

Volví mi atención a Catherine y le pedí que avanzara en el tiempo.

—Ahora estoy casada. Nuestra casa tiene una sola habitación, grande. Mi esposo es rubio. No lo conozco. (Es decir, aún no ha aparecido en la vida actual de Catherine.) Todavía no tenemos hijos... Él es muy bueno conmigo. Nos amamos y somos felices.

Al parecer, había escapado con éxito a la opresión del hogar paterno. Le pregunté si podía identificar la zona en donde vivía.

—¿Brennington? —susurró, vacilando—. Veo libros con cubiertas antiguas y raras. El grande se cierra con una correa. Es la Biblia. Hay letras grandes y extrañas... Idioma gaélico.

En ese punto dijo algunas palabras que no pude identificar. No tengo idea de si eran o no gaélicas.

—Vivimos tierra adentro, no cerca del mar. El condado... ¿Brennington? Veo una granja con cerdos y corderos. Es nuestra. —Se había adelantado en el tiempo—. Tenemos dos varones... El mayor se casa. Veo la torre de la iglesia... un antiquísimo edificio de piedra.

De pronto le dolía la cabeza; sufría y se apretaba la sien izquierda. Dijo que se había caído en los escalones de piedra, pero se repuso. Murió a edad avanzada, en su cama, rodeada por toda la familia.

Una vez más, salió flotando de su cuerpo al morir, pero en esa ocasión no se sintió perpleja ni confundida.

—Tengo conciencia de una luz intensa. Es maravillosa; de esa luz se obtiene energía.

Descansaba tras la muerte, entre dos vidas. Pasaron en silencio algunos minutos. De pronto habló, pero no con el susurro lento que siempre había utilizado hasta entonces. Ahora su voz era grave y potente, sin vacilaciones.

—Nuestra tarea consiste en aprender, en llegar a ser como dioses mediante el conocimiento. ¡Es tan poco lo que sabemos! Tú estás aquí para ser mi maestro. Tengo mucho que aprender. Por el conocimiento nos acercamos a Dios, y entonces podemos descansar. Luego regresamos para enseñar y ayudar a otros.

Quedé mudo. Era una lección posterior a su muerte, proveniente del estado intermedio. ¿Cuál era la fuente de ese nuevo material? No sonaba en absoluto como el modo de hablar de Catherine. Ella nunca se había expresado así, con ese vocabulario y esa fraseología. Hasta el tono de su voz era completamente distinto.

En ese momento no comprendí que, si bien Catherine había pronunciado las palabras, no discurría personalmente las ideas: estaba transmitiendo lo que se le decía. Más adelante identificó como fuente a los Maestros, almas altamente evolucionadas que en esos momentos no estaban en un cuerpo. Podían hablar conmigo a través de ella. Además de poder regresar a vidas pasadas, Catherine podía ahora canalizar el conocimiento del más allá. Bellos conocimientos. Yo me esforcé por no perder la objetividad.

Se había introducido una nueva dimensión. Catherine no había leído los estudios de la doctora Elizabeth Kübler-Ross ni los del doctor Raymond Moody, que han escrito sobre las experiencias cercanas a la muerte. Ni siquiera había oído hablar del *Libro tibetano de los muertos*. Sin embargo, relataba experiencias similares a las que describían esos escritos. Era una prueba, en cierto modo. Lástima que no hubiera más hechos, detalles más tangibles que yo pudiera verificar. Mi escepticismo fluctuaba, pero se mantenía. Tal vez ella había leído sobre las experiencias de muerte en alguna revista, quizás había visto alguna entrevista en un programa de televisión. Aunque negara tener recuerdos conscientes de ese tipo, tal vez retenía un recuerdo subconsciente. Pero iba más allá de esos escritos anteriores a su experiencia: transmitía mensajes desde ese estado intermedio. ¡Lástima que no tuviera más datos!

Al despertar, Catherine recordó, como siempre, los detalles de sus vidas pasadas, pero no había retenido nada de lo ocurrido después de su muerte en la persona de Elizabeth. En el futuro, jamás recordaría detalle alguno de los estados intermedios. Sólo podía recordar las vidas.

«Por el conocimiento nos acercamos a Dios.»

Estábamos en el camino.

4

—Veo una casa blanca, cuadrada, con un camino de tierra enfrente. Hay gente a caballo, que va y viene.

Catherine hablaba en su habitual susurro adormecido.

—Hay árboles... una plantación, una casa grande y un puñado de viviendas más pequeñas, como para esclavos. Hace mucho calor. Es el sur... ¿Virginia?

Según creía, la fecha era 1873. Ella era una niña.

—Hay caballos y muchos sembrados... maíz, tabaco.

Ella y los otros sirvientes comían en una cocina de la casa grande. Era negra; se llamaba Abby. Tuvo un presentimiento y su cuerpo se puso tenso. La casa grande estaba en llamas; ardió ante sus ojos. La hice avanzar quince años, hasta 1888.

—Llevo un vestido viejo; estoy limpiando un espejo de la planta alta de una casa, una casa de ladrillo con ventanas... con muchos paneles. El espejo no es plano, sino ondulado, y tiene bultos en el extremo. El dueño de la casa se llama James Manson. Usa una chaqueta extraña, con tres botones y un gran cuello negro. Tiene barba... no lo reconozco (como a alguien presente en la vida actual de Catherine). Me trata bien. Yo vivo en una casa de la propiedad. Limpio los cuartos. En la propiedad hay una escuela, pero a mí no se me permite asistir. ¡También hago mantequilla!

Catherine susurraba lentamente, empleando vocablos muy sencillos y prestando mucha atención a los detalles. En los cinco minutos siguientes aprendí a hacer mantequilla. También para Catherine eran nuevos esos conocimientos de Abby. La hice avanzar en el tiempo.

—Estoy con alguien, pero no creo que estemos casados. Dormimos juntos, pero no siempre vivimos juntos. Me siento bien con él, pero no hay nada especial. No veo hijos. Hay manzanos y patos. Hay otra gente en la distancia. Estoy recolectando manzanas. Algo me pica en los ojos. —Catherine hizo una mueca, con los ojos cerrados—. Es el humo. El viento sopla hacia aquí... el humo de la leña encendida. Están quemando toneles de madera. —Ahora tosía—. Pasa con frecuencia. Hacen que los toneles se pongan negros por dentro... brea... para impermeabilizarlos.

Como la sesión anterior había resultado tan apasionante, yo estaba ansioso por llegar otra vez al estado intermedio. Ya habíamos pasado noventa minutos explorando su vida como sirvienta. Había hablado de cubrecamas, mantequilla y toneles; yo estaba hambriento de lecciones más espirituales. Perdida ya la paciencia, la hice avanzar hasta su muerte.

—Me cuesta respirar. Me duele mucho el pecho. —Catherine jadeaba; obviamente, sufría—. Me duele el corazón; late muy deprisa. Tengo tanto frío... me tiembla el cuerpo. —Catherine empezó a estremecerse—. Hay gente en la habitación; me dan a beber hojas (una tisana). Tiene un olor raro. Me están frotando el pecho con linimento. Fiebre... pero tengo mucho frío.

Murió en silencio. Al flotar hasta el cielorraso, vio su cuerpo en la cama: una mujer menuda y encogida, de unos sesenta años. Flotaba, simplemente, esperando que alguien se acercara a ayudarla. Cobró conciencia de una luz y se sintió atraída hacia ella. La luz ganaba en intensidad y en brillo. Aguardamos en silencio, mientras los minutos pasaban con lentitud. De pronto se vio en otra vida, milenios antes de la existencia de Abby.

Catherine susurraba suavemente:

—Veo montones de ajos colgados en un cuarto abierto. Los huelo. Se cree que matan muchos males de la sangre y que purifican el cuerpo, pero hay que comerlos todos los días. También hay ajos fuera, en lo alto de un jardín. Hay otras plantas allí... higos, dátiles y otras cosas. Estas plantas ayudan. Mi madre está comprando ajos y otras plantas. En la casa hay un enfermo. Estas raíces son raras. A veces una se las pone en la boca, en las orejas o en otras aberturas y hay que mantenerlas allí, nada más.

»Veo a un anciano con barba. Es uno de los curanderos de la aldea. Él te dice qué debes hacer. Es algún tipo de... peste... que está matando a la gente. No embalsaman, porque tienen miedo a la enfermedad. A la gente la entierran, nada más, y todos están inquietos por eso. Piensan que, de ese modo, el alma no puede pasar al otro lado (contrariamente a lo establecido por los informes de Catherine después de la muerte). Pero han muerto muchos. También el ganado se muere. Agua... inundaciones... la gente enferma por las inundaciones. (Al parecer, acaba de asimilar este poquito de epidemiología.) Yo también he pillado una enfermedad por el agua. Me duele mucho el estómago. Es una enfermedad del estómago y los intestinos. Se pierde mucha agua del cuerpo. He ido en busca de más agua, pero eso es lo que nos está matando. Vuelvo con el agua. Veo a mi madre y a mis hermanos. Mi padre ya ha muerto. Mis hermanos están muy enfermos.

Hice una pausa antes de llevarla más adelante en el tiempo.

Me fascinaba el modo en que sus conceptos de la muerte y la vida del más allá cambiaban de vida en vida. Sin embargo, su experiencia de la muerte en sí era siempre uniforme, siempre similar.

Una parte consciente de ella abandonaba el cuerpo más o menos en el momento en que se producía el fallecimiento; flotaba por encima y luego se veía atraída hacia una luz maravillosa y energética. Esperaba a que alguien acudiera en su ayuda. El alma pasaba automáticamente al más allá. El embalsamamiento, los ritos fúnebres y cualquier otro procedimiento posterior a la muerte no tenían nada que ver con eso: era automático, sin preparativos necesarios, como cruzar una puerta que se abriera.

—La tierra es estéril y seca... No veo montañas aquí; sólo tierra, muy llana y seca. Uno de mis hermanos ha muerto. Me siento mejor, pero aún tengo ese dolor. —Sin embargo, no vivió por mucho tiempo más—. Estoy tendida en un jergón, con algo que me cubre.

Estaba muy enferma; no hubo ajo ni hierba alguna que pudieran impedir su muerte. Pronto estaba flotando por encima de su cuerpo, atraída hacia la luz familiar. Esperó con paciencia que alguien acudiera.

Comenzó a mover lentamente la cabeza de un lado a otro, como si estuviera contemplando alguna escena. Su voz había vuelto a ser grave y potente.

—Me dicen que hay muchos dioses, pues Dios está en cada uno de nosotros.

Reconocí la voz de los estados intermedios, tanto por su tono grave como por la decidida espiritualidad del mensaje. Lo que dijo a continuación me dejó sin aliento, sin aire en los pulmones.

—Tu padre está aquí, y también tu hijo, que es muy pequeño. Dice tu padre que lo reconocerás, porque se llama Avrom y has dado su nombre a tu hija. Además, su muerte se debió al corazón. El corazón de tu hijo también era importante, pues estaba hacia atrás, como el de un pollo. Hizo un gran sacrificio por ti, por amor. Su alma está muy avanzada... Su muerte satisfizo las deudas de sus padres. También quería demostrarte que la medicina sólo podía llegar hasta cierto punto, que su alcance era muy limitado.

Catherine dejó de hablar. Yo permanecí en sobrecogido silencio, en tanto mi mente estupefacta trataba de ordenar las cosas. En el cuarto reinaba un frío gélido.

Catherine sabía muy poco de mi vida personal. En mi escritorio había una foto de mi hija, que sonreía alegremente mostrando sus dos únicos dientes de leche. Junto a ella, un retrato de mi hijo. Aparte de eso, Catherine lo ignoraba prácticamente todo con respecto a mi familia y mi historia personal. Yo estaba bien formado en las técnicas psicoterapéuticas profesionales. Se supone que el terapeuta debe ser una tabla rasa, en blanco, en la cual el paciente pueda proyectar sus propios sentimientos, sus ideas y sus actitudes. Entonces el terapeuta podrá analizar ese material, ampliando el campo mental del paciente. Yo había mantenido esa distancia terapéutica con respecto a Catherine: ella sólo me conocía en mi condición de psiquiatra, lo ignoraba todo de mi pasado y de mi vida privada. Ni siquiera mis diplomas estaban colgados en el consultorio.

La mayor tragedia de mi vida había sido la inesperada muerte de nuestro primogénito, Adam, que falleció a principios de 1971, a los veintitrés días de edad. Unos diez días después de que lo trajéramos a casa desde el hospital comenzó a presentar problemas respiratorios y vómitos en bayoneta. El diagnóstico resultó sumamente difícil. «Total anomalía del drenaje venoso pulmonar, con defecto del septum atrial —se nos dijo—. Se presenta una vez de cada diez millones de nacimientos, aproximadamente.» Las venas pulmonares, que deben llevar la sangre oxigenada de regreso al corazón, estaban incorrectamente dispuestas y entraban al corazón por el lado opuesto. Era como si el corazón estuviera vuelto... hacia atrás. Algo muy, pero que muy raro.

Una desesperada intervención a corazón abierto no pudo salvar a Adam, quien murió varios días después. Lo lloramos por muchos meses; nuestras esperanzas, nuestros sueños, estaban destrozados. Un año después nació Jordan, nuestro hijo, agradecido bálsamo para nuestras heridas.

Por la época del fallecimiento de Adam, yo había estado vacilando con respecto a mi temprana elección de la carrera psiquiátrica. Disfrutaba de mi internado en medicina interna y se me había ofrecido un puesto como médico. Tras la muerte de Adam decidí con firmeza hacer de la psiquiatría mi profesión. Me irritaba que la medicina moderna, con todos sus avances y su tecnología, no hubiera podido salvar a mi hijo, ese simple y pequeño bebé.

En cuanto a mi padre, había gozado de excelente salud hasta sufrir un fuerte ataque cardíaco en 1979, a la edad de sesenta y un años. Sobrevivió al ataque inicial, pero la pared cardíaca quedó irreparablemente dañada; falleció tres días después. Eso ocurrió unos nueve meses antes de que Catherine se presentara a la primera sesión.

Mi padre había sido un hombre religioso, más ritualista que espiritual. Avrom, su nombre hebreo, le sentaba mejor que Alvin, el inglés. Cuatro meses después de su muerte nació Amy, nuestra hija, a la que dimos su nombre.

Y ahora, en 1982, en mi tranquilo consultorio en

penumbra, una ensordecedora cascada de verdades ocultas, secretas, caía en torrentes sobre mí. Nadaba en un mar espiritual y me encantaba esa agua. Se me puso piel de gallina en los brazos. Catherine no podía conocer esa información en modo alguno. Ni siquiera tenía manera de averiguarla. El nombre hebreo de mi padre, el hecho de que un hijo mío hubiera muerto en la primera infancia con un defecto cardíaco que sólo se presenta una vez de diez millones, mis dudas sobre la medicina, la muerte de mi padre y la elección del nombre de mi hija: todo era demasiado, muy específico, excesivamente cierto. Catherine, esta mujer que sólo era una técnico de laboratorio poco cultivada, actuaba como conducto de conocimientos trascendentales. Y si podía revelar esas verdades, ¿qué más había allí? Necesitaba saber más.

—¿Quién —balbucí—, quién está ahí? ¿Quién te dice esas cosas?

—Los Maestros —susurró ella—, me lo dicen los Espíritus Maestros. Me dicen que he vivido ochenta y seis veces en el estado físico.

La respiración de Catherine se hizo más lenta y dejó de mover la cabeza. Descansaba. Yo quería continuar, pero las implicaciones de lo que me había dicho me distraían. ¿Tendría, en verdad, ochenta y seis vidas anteriores? ¿Y qué podía decirse de «los Maestros»? ¿Era posible? ¿Era posible que nuestras vidas fueran guiadas por espíritus carentes de cuerpo físico, pero dueños de gran conocimiento? ¿Hay acaso peldaños en el camino hacia Dios? ¿Era real todo eso? Me costaba dudar, considerando lo que Catherine acababa de revelarme, pero aún luchaba por creer. Estaba superando años enteros de una formación de programación diferente. Pero en la mente, en el corazón, en las entrañas, sabía que ella estaba en lo cierto. Estaba revelando verdades.

¿Y lo de mi padre y mi hijo? En cierto sentido, aún estaban vivos; nunca habían muerto del todo. Años después de sepultados, me hablaban y lo demostraban así, proporcionando informaciones muy específicas y secretas. Y puesto que todo eso era cierto, ¿era mi hijo un espíritu tan avanzado como Catherine decía? ¿Había aceptado, en verdad, nacer para nosotros y morir veintitrés días después, a fin de ayudarnos a saldar deudas kármicas y, por añadidura, darme lecciones de medicina y de humanidad, empujándome de nuevo hacia la psiquiatría?

Esos pensamientos me alentaron mucho. Por debajo de ese estremecimiento sentía una gran oleada de amor, una fuerte sensación de ser uno con los cielos y la tierra. Había echado de menos a mi padre y a mi hijo. Me hacía bien volver a tener noticias de ellos.

Mi vida jamás volvería a ser la misma. Una mano se había extendido desde lo alto, alterando irreversiblemente el curso de mi vida. Todas mis lecturas, hechas con examen cuidadoso y distanciamiento escéptico, desembocaban en su lugar. Los recuerdos y los mensajes de Catherine eran verdad. Mis intuiciones sobre lo cierto de sus experiencias habían sido correctas. Tenía los hechos. Tenía la prueba.

Sin embargo, aun en ese mismo instante de júbilo y comprensión, aun en ese momento de experiencia mística, la vieja y familiar parte lógica y recelosa de mi mente estableció una objeción. Tal vez se tratara sólo de una percepción extrasensorial, de alguna capacidad psíquica. Era toda una capacidad, sin duda, pero eso no demostraba que existieran las reencarnaciones ni los Espíritus Maestros. Sin embargo, en esa ocasión estaba bien informado. Los millares de casos registrados en la bibliografía científica, sobre todo los de niños que hablaban idiomas extranjeros sin haberlos oído nunca, que tenían marcas de nacimiento allí donde habían recibido antes heridas mortales; esos mismos niños que sabían dónde había objetos preciosos ocultos o enterrados, a miles de kilómetros, décadas o siglos antes, todo era un eco del mensaje de Catherine. Yo conocía el carácter y la mente de la muchacha. Sabía cómo era y cómo no. Y mi mente ya no podía engañarme. La prueba era demasiado evidente, demasiado abrumadora. Eso era real y ella lo verificaría cada vez más en el curso de nuestras sesiones.

En las semanas siguientes, a veces yo olvidaba la intensidad, la fuerza directa de esa sesión. A veces caía de nuevo en la rutina cotidiana, preocupado por las cosas de siempre. Entonces las dudas resurgían. Era como si mi mente, al no concentrarse, tendiera a volver hacia los patrones y creencias de antes, hacia el escepticismo. Pero entonces me obligaba a recordar: ¡eso, había ocurrido realmente! Comprendía lo difícil que era creer esos conceptos sin haber pasado por una experiencia personal. La experiencia es necesaria para añadir crédito emocional a la comprensión intelectual. Pero el impacto de la experiencia siempre se desvanece hasta cierto punto.

En un principio no tuve conciencia del porqué de mis grandes cambios. Me reconocía más sereno y paciente; otros comentaban que se me veía muy en paz, más descansado y feliz. Yo sentía más esperanza y alegría, encontraba en mi vida más sentido y satisfacción. Comprendí al fin que estaba perdiendo el miedo a la muerte. Ya no temía a mi propia muerte ni a la no existencia. Me daba menos miedo la posibilidad de perder a otros, aun sabiendo que desde luego los echaría de menos. ¡Qué poderoso es el miedo a la muerte! Llegamos a grandes extremos para evitarlo: crisis de madurez, aventuras amorosas con personas más jóvenes, cirugías estéticas, obsesiones con la gimnasia, acumulación de bienes materiales, procreación de hijos que lleven nuestro nombre, esforzados intentos de ser cada vez más juveniles, etcétera. Nos preocupa horriblemente nuestra propia muerte; tanto que, a veces, olvidamos el verdadero propósito de la vida.

Además estaba empezando a ser menos obsesivo. No necesitaba dominarme sin cesar. Aunque trataba de mostrarme menos serio, esa transformación me resultaba difícil. Aún tenía mucho que aprender.

De hecho, ahora tenía la mente abierta a la posibilidad (incluso a la probabilidad) de que las manifestaciones de Catherine fueran reales. Esos datos increíbles sobre mi padre y mi hijo no se podían obtener por medio de los sentidos habituales. Sus conocimientos, sus habilidades, demostraban sin lugar a dudas la existencia de una notable capacidad psíquica. Resultaba lógico creerla, pero yo me mantenía precavido y escéptico con respecto a lo que leía en la literatura popular. ¿Quiénes son estas personas que hablan sobre fenómenos psíquicos, sobre la vida después de la muerte y otros asombrosos hechos paranormales? ¿Están preparados en el método científico de la observación y la comprobación? Pese a mi abrumadora y maravillosa experiencia con Catherine, sabía que mi mente, naturalmente crítica, continuaría analizando cada nuevo hecho, cada fragmento de información. Lo revisaría para ver si concordaba con la estructura y el sistema de trabajo que iba surgiendo de cada sesión. Lo examinaría desde todos los ángulos, con el microscopio del científico.

Sin embargo, ya no podía negar que el marco de trabajo estaba allí.

5

Todavía estábamos en medio de la sesión. Catherine puso fin a su descanso y empezó a hablar de ciertas estatuas verdes que había frente al templo. Salí de mi ensueño para escuchar. Ella estaba en una vida antigua, en algún lugar de Asia pero yo continuaba con los Maestros. «Increíble —me dije—. Está hablando de vidas anteriores, de reencarnaciones; sin embargo, comparado con el hecho de recibir nensajes de los Maestros, eso es casi decepcionante.» Pero comenzaba a comprender que ella necesitaba pasar por una vida antes de abandonar su cuerpo y alcanzar el estado intermedio. No podía llegar a él directamente. Y sólo allí se ponía en contacto con los Maestros.

—Las estatuas verdes están frente a un gran templo —susurró suavemente—. Un edificio con pináculos y bolas marrones. Delante hay diecisiete escalones; después de subirlos, una habitación. Arde el incienso. Nadie calza zapatos. Todos llevan la cabeza rapada. Tienen los ojos oscuros y la cara redonda. Son de piel oscura. Allí estoy yo. Me he lastimado el pie y voy a buscar ayuda. Lo tengo hinchado y no puedo pisar. Me he clavado algo. Me ponen unas hojas en el pie... hojas extrañas... ¿Tanis? (El tanino o ácido tánico, que se presenta naturalmente en las raíces, los frutos, la madera, la corteza y las hojas de muchas plantas, se usa como medicamento desde antiguo, por sus propiedades estípticas o astringentes.) Antes me han limpiado el pie. Esto es un rito ante los dioses. En el pie tengo algún veneno. Se me ha hinchado la rodilla. La pierna está pesada, con vetas. (¿Envenenamiento de la sangre?) Me hacen una incisión en el pie y me ponen algo muy caliente.

Catherine se retorcía de dolor. También daba arcadas por alguna poción horriblemente amarga que le habían dado a beber. La poción estaba hecha con hojas amarillas. Se curó, pero los huesos del pie y la pierna jamás volvieron a ser como antes. La hice avanzar en el tiempo. Sólo veía una existencia desolada afligida debido a la pobreza. Vivía con su familia en una choza pequeña, de una sola habitación, sin mesa. Comían una especie de arroz, como cereal, pero siempre tenían hambre. Envejeció rápidamente, sin escapar nunca a la pobreza ni al hambre, y murió. Esperé, pero me daba cuenta de que ella estaba exhausta. Sin embargo, antes de que pudiera despertarla me dijo que Robert Jarrod necesitaba de mi ayuda. Yo no tenía ninguna idea de quién era Robert Jarrod ni de cómo ayudarlo. No hubo más.

Al despertar del trance, Catherine volvió a recordar muchos detalles de su vida pasada. En cambio, nada sabía de las experiencias posteriores a la muerte, de los estados intermedios, de los Maestros ni del increíble conocimiento que había revelado. Le hice una pregunta:

—Catherine, ¿qué significa para ti la palabra «Maestros» *(Masters)*?

¡Respondió que era un torneo de golf!

Ahora mejoraba rápidamente, pero aún tenía dificultades para integrar el concepto de reencarnación en su teología. Por lo tanto, decidí no hablarle aún sobre los Maestros. Además, no sabía muy bien cómo darle la noticia de que era una médium increíblemente talentosa que canalizaba maravillosos y trascendentales conocimientos de los Espíritus Maestros.

Catherine se avino a que mi esposa asistiera a la sesión siguiente. Carole es asistente social psiquiátrica, bien preparada y capaz; yo quería saber su opinión sobre esos hechos increíbles. Cuando se enteró de lo que Catherine había dicho sobre mi padre y Adam, nuestro hijo, se mostró muy dispuesta a ayudar. Yo no tenía dificultades para tomar notas de cada palabra susurrada por Catherine sobre sus vidas anteriores, pues hablaba con gran lentitud, pero los Maestros lo hacían con más rapidez, así que decidí grabarlo todo.

Una semana después, Catherine se presentó a la sesión siguiente. Continuaba mejorando; sus temores y ansiedades disminuían. Su mejoría clínica era notable, pero yo aún no estaba seguro de a qué se debía. Había recordado haber muerto ahogada cuando era Aronda, degollada en la persona de Johan, víctima de una epidemia transmitida por el agua como Luisa, y varios otros sucesos aterrorizantes y traumáticos. También había experimentado o vuelto a experimentar existencias de pobreza, servidumbre y abusos dentro de su familia. Esto último ejemplifica los pequeños traumas cotidianos que también se adentran en nuestra psique. El recuerdo de ambos tipos de vida podía estar contribuyendo a su mejoría. Pero existía otra posibilidad. ¿Y si la experiencia espiritual en sí era lo que ayudaba? ¿Y si saber que la muerte no es lo que parece contribuía a procurarle bienestar, a que disminuyeran sus temores? ¿Era posible que todo el proceso, no sólo los recuerdos en sí, fuera parte de la cura?

Las habilidades psíquicas de Catherine iban en aumento; su intuición era cada vez mayor. Aún tenía problemas con Stuart, pero se sentía capaz de entenderse más efectivamente con él. Le brillaban los ojos; su piel relucía.

Anunció que durante la semana había tenido un sueño extraño, pero sólo recordaba un fragmento: había soñado que la aleta roja de un pez se le clavaba en la mano.

Se sumergió en la hipnosis con pronta facilidad y en pocos minutos alcanzó un nivel profundo.

—Veo una especie de acantilado. Yo estoy de pie en ese acantilado, mirando hacia abajo. Debería estar alerta a la llegada de barcos... para eso me han puesto allí... Llevo algo azul, una especie de pantalones... pantalones cortos, con zapatos extraños... zapatos negros... con hebillas. Los zapatos tienen hebillas;

son muy extraños... Veo que en el horizonte no hay barcos.

Catherine susurraba con voz suave. La hice avanzar en el tiempo hasta el siguiente suceso importante de su vida.

—Estamos bebiendo cerveza, cerveza fuerte. Es muy oscura. Los bocks son gruesos. Están viejos y se sostienen con soportes de metal. En ese lugar huele muy mal y hay mucha gente. Es muy ruidoso. Todo el mundo habla y hace ruido.

Le pregunté si se oía llamar por su nombre.

—Christian... Me llamo Christian. —Era otra vez varón—. Estamos comiendo algún tipo de carne y bebiendo cerveza. Es oscura y muy amarga. Se le pone sal.

No logró ver el año.

—Hablan de guerra, ¡de barcos que bloquean algunos puertos! Pero no puedo enterarme de dónde están. Si guardaran silencio, podríamos escuchar, pero todo el mundo habla y hace ruido.

»Hamstead... Hamstead (ortografía fonética). Es un puerto, un puerto marítimo de Gales. Hablan inglés británico. —Se adelantó en el tiempo hasta el momento en que Christian estaba ya a bordo de su barco—. Huelo algo, algo que se quema. Es horrible. Madera quemada, pero también algo más. Hace escocer la nariz... Algo se incendia en la distancia, una especie de navío, un navío de vela. ¡Estamos cargando algo! Estamos cargando algo con pólvora.

La agitación de Catherine era visible.

—Es algo que tiene pólvora, muy negra. Se pega a las manos. Hay que moverse deprisa. El barco lleva una bandera verde. Es una bandera oscura... Una bandera verde y amarilla. Tiene una especie de corona, con tres puntas.

De pronto Catherine hizo una mueca de dolor. Sufría.

—Ah —gruñó—, ¡cómo me duele la mano, cómo me duele la mano! Tengo algo de metal, metal caliente en la mano. ¡Me quema! ¡Ah, ah!

Recordé el fragmento de su sueño y comprendí lo de la aleta roja clavada en la mano. Bloqueé el dolor, pero ella seguía gimiendo.

—Los espigones son de metal... El buque en donde estábamos fue destruido... por babor. Han dominado el incendio. Han muerto muchos hombres... muchos hombres. Yo he sobrevivido... sólo tengo la mano herida, pero cicatriza con el tiempo.

La llevé hacia delante en el tiempo y dejé que escogiera el siguiente acontecimiento de importancia.

—Veo una especie de imprenta; imprime algo con moldes y tinta. Están imprimiendo y encuadernando libros... Los libros tienen cubiertas de cuero y cordeles que los sujetan: cordeles de cuero. Veo un libro rojo... Es algo de historia. No veo el título; todavía no han terminado la impresión. Son libros maravillosos. Tienen cubiertas muy suaves, de cuero. Son maravillosos; te enseñan.

Obviamente, Christian disfrutaba viendo y tocando esos libros; también comprendía vagamente las posibilidades de aprender así. Sin embargo, parecía muy poco instruido. Hice que Christian avanzara hasta el último día de su vida.

—Veo un puente sobre un río. Soy viejo... muy viejo. Me cuesta caminar. Camino por el puente... hacia el otro lado... Me duele el pecho; siento una presión, una presión terrible... ¡Me duele el pecho! ¡Ah!

Catherine emitía sonidos, gorjeaba; experimentaba el ataque cardíaco que Christian estaba sufriendo en el puente. Su respiración era rápida y poco profunda; tenía la cara y el cuello cubiertos de sudor. Empezó a toser y a jadear. Me sentí preocupado: ¿sería peligroso volver a experimentar un ataque cardíaco sufrido en una vida anterior? Ésa era una frontera nueva; nadie conocía las respuestas. Por fin, Christian murió. Catherine permaneció apaciblemente tendida en el diván, respirando profunda y regularmente. Dejé escapar un hondo suspiro de alivio.

—Me siento libre... libre —susurró con suavidad—. Floto en la oscuridad... floto, nada más. Hay luz alrededor... y espíritus, otras personas.

Le pregunté si tenía algún pensamiento sobre la vida que acababa de concluir, su existencia como Christian.

—Debería haber perdonado más, pero no lo hice. No perdoné el daño que otros me causaron y debería haberlo hecho. No perdoné el mal. Me quedé con él dentro y lo albergué durante muchos años... Veo ojos... ojos.

—¿Ojos? —repetí, percibiendo el contacto—. ¿Qué clase de ojos?

—Los ojos de los Espíritus Maestros —susurró Catherine—, pero debo esperar. Tengo cosas en que pensar.

Pasaron unos minutos en tenso silencio.

—¿Cómo sabrás cuándo estarán ellos dispuestos? —pregunté, expectante, rompiendo el largo silencio.

—Ellos me llamarán —respondió.

Pasaron unos minutos más. De pronto empezó a mover la cabeza de un lado a otro. Su voz, ronca y firme, señaló el camino.

—Hay muchas almas en esta dimensión. Yo no soy la única. Debemos ser pacientes. Eso es algo que tampoco aprendí nunca... hay muchas dimensiones...

Le pregunté si ya había estado allí, si se había reencarnado muchas veces.

—He estado en diferentes planos en diferentes tiempos. Cada uno es un nivel de conciencia superior. El plano al que vayamos dependerá de lo mucho que hayamos progresado...

Guardó silencio otra vez. Le pregunté qué lecciones debía aprender a fin de progresar. Respondió de inmediato.

—Que debemos compartir nuestro conocimiento con otros. Que todos tenemos muchas más capacidades de las que utilizamos. Algunos lo descubrimos antes que otros. Que uno debe dominar sus vicios antes de llegar a este punto. De lo contrario, los lleva consigo a otra vida. Sólo uno mismo puede liberarse... de las malas costumbres que acumulamos cuando estamos en un cuerpo. Los Maestros no pueden hacerlo por nosotros. Si uno elige luchar y no liberarse, los llevará a otra vida. Y sólo cuando decidimos que somos lo bastante fuertes como para dominar los problemas externos, sólo entonces dejaremos de padecerlos en la vida siguiente.

»También debemos aprender a no acercarnos sólo a aquellos cuyas vibraciones coinciden con las nuestras. Es normal sentirse atraído por alguien que está en nuestro mismo nivel. Pero está mal. También es preciso acercarse a aquellos cuyas vibraciones no armonizan... con las de uno. Ésa es la importancia... de ayudar... a esas gentes.

»Se nos dan poderes intuitivos que debemos obedecer sin tratar de resistirnos. Quienes se resistan tropezarán con peligros. No se nos envía desde cada plano con poderes iguales. Algunos de nosotros poseemos poderes mayores que los otros, pues los hemos adquirido en otros tiempos. Luego, no todos somos creados iguales. Pero con el paso del tiempo llegaremos a un punto en el que todos seremos iguales.

Catherine hizo una pausa. Yo sabía que esos pensamientos no eran suyos. No tenía preparación alguna en física o en metafísica; nada sabía de planos, dimensiones y vibraciones. Pero más allá de esto, la belleza de las palabras y las ideas, las implicaciones filosóficas de esas afirmaciones... todo superaba la capacidad de Catherine. Ella nunca había hablado de manera tan concisa y poética. Yo sentía que una fuerza superior y distinta luchaba con la mente y las cuerdas vocales de mi paciente para traducir en palabras esos pensamientos, a fin de que yo comprendiera. No, ésa no era Catherine.

Su voz tenía un tono de ensoñación.

—Los que están en coma... permanecen en un estado de suspensión. Aún no están preparados para cruzar al otro plano... hasta que hayan decidido si quieren cruzar o no. Sólo ellos pueden decidirlo. Si consideran que no tienen nada más que aprender... en estado físico... entonces se les permite cruzar. Pero si tienen cosas por aprender, deben regresar, aunque no quieran. Ése es un período de descanso para ellos, un período en el que sus poderes mentales pueden descansar.

O sea que la gente en estado de coma puede decidir si regresar o no, según el aprendizaje que deba realizar todavía en estado físico. Si consideran que no tienen nada más que aprender, pueden ir directamente al estado espiritual, pese a toda la medicina moderna. Esta información coincidía detalladamente con las investigaciones publicadas sobre las experiencias próximas a la muerte y los motivos por los que algunos decidían regresar. A otros no se les permitía elegir: tenían que volver, pues les quedaba algo por aprender. Claro que todos los entrevistados tras una experiencia próxima a la muerte habían regresado a sus cuerpos.

Hay una llamativa similitud en los relatos de estas personas. Se separan del cuerpo y «contemplan» los esfuerzos que se hace por resucitarlos, desde un punto situado por encima del cuerpo. A su debido tiempo cobran conciencia de una luz brillante o de una relumbrante figura «espiritual» en la distancia; a veces, al final de un túnel. No hay dolor. Cuando cobran conciencia de que aún no han completado la tarea que tienen que cumplir en la Tierra, de que deben regresar al cuerpo, inmediatamente vuelven a él y sienten otra vez dolor y otras sensaciones físicas.

He tenido varios pacientes que pasaron por experiencias cercanas a la muerte. El relato más interesante fue el de un próspero comerciante sudamericano, con quien mantuve varias sesiones de psicoterapia normal, unos dos años después de acabar con el tratamiento de Catherine. Jacob había perdido la conciencia al ser atropellado por una motocicleta; eso ocurrió en Holanda, en 1975, cuando él tenía treinta y pocos años. Recuerda haber flotado por encima del cuerpo, contemplando la escena del accidente, viendo la ambulancia, el médico que le atendía las heridas, la muchedumbre de curiosos, cada vez mayor. Luego cobró conciencia de una luz dorada, en la distancia; al acercarse a ella, vio a un monje vestido con un hábito pardo. Ese monje dijo a Jacob que aún no era tiempo de morir, que debía regresar a su cuerpo. Él sintió la sabiduría y el poder del religioso, quien también le relató varios acontecimientos futuros que ocurrirían en la vida de Jacob; todos se produjeron. Jacob volvió rápidamente a su cuerpo, que ya estaba en una cama de hospital; recobró la conciencia y, por primera vez, experimentó un intensísimo dolor.

En 1980, mientras viajaba por Israel, Jacob (que es judío) visitó la Cueva de los Patriarcas, en Hebrón, sitio tan sagrado para los judíos como para los musulmanes. Tras la experiencia vivida en Holanda, se había vuelto más religioso y rezaba con frecuencia. Al ver la mezquita cercana, se sentó a rezar con los musulmanes presentes. Al cabo de un rato se levantó para marcharse. Un anciano musulmán se le acercó para decirle: «Usted es diferente de los otros, que rara vez se sientan a orar con nosotros. —El anciano hizo una pausa y lo miró con atención antes de continuar—: Usted ha visto al monje. No olvide lo que él le dijo.»

Cinco años después del accidente, a miles de kilómetros de distancia, un anciano conocía el encuentro de Jacob con el monje, algo que había ocurrido mientras él estaba desmayado.

En el consultorio, mientras reflexionaba sobre las últimas revelaciones de Catherine, me pregunté qué habrían dicho nuestros antepasados, los fundadores de la nación, ante la idea de que los seres humanos no son creados iguales. La gente nace con talentos, capacidades y poderes adquiridos en otras vidas. «Pero con el paso del tiempo llegaremos a un punto en el que todos seremos iguales.» Sospeché que ese punto distaba muchas, muchísimas vidas.

Pensé en Mozart y en su increíble talento de niño. ¿Habría sido también una herencia de capacidades anteriores? Al parecer, llevábamos con nosotros de una vida a otra tanto las capacidades como las deudas.

Pensé en la gente que tiende a juntarse en grupos homogéneos, evitando e incluso temiendo a los de fuera. Allí estaba la raíz del prejuicio y del odio entre grupos. «También debemos aprender a no acercarnos sólo a aquellos cuyas vibraciones coinciden con las nuestras.» Ayudar a esos otros. Me era posible sentir las verdades espirituales de esas palabras.

—Tengo que regresar —dijo Catherine—. Tengo que regresar.

Pero yo quería saber más. Le pregunté quién era Robert Jarrod. Ella había mencionado ese nombre durante la última sesión, asegurando que necesitaba mi ayuda.

—No sé... Puede estar en otro plano, no en éste.

—Al parecer, no pudo hallarlo—. Sólo cuando quiera, sólo si decide venir a mí —susurró—, me enviará un mensaje. Necesita tu ayuda.

Aun así, no logré comprender cómo me sería posible ayudarlo.

—No sé —repitió Catherine—. Pero eres tú el que debe aprender, no yo.

Eso era interesante. Todo ese material ¿era para mí? ¿O acaso yo tenía que ayudar a Robert Jarrod con las enseñanzas recibidas? En verdad, nunca supimos de él.

—Tengo que regresar —insistió ella—. Antes tengo que ir hacia la luz. —De pronto se mostró alarmada—. Oh, oh, he vacilado mucho tiempo... y como he vacilado, tengo que esperar otra vez.

Mientras ella esperaba, le pregunté qué veía, qué sentía.

—Sólo otros espíritus, otras almas. Ellas también están esperando.

Le pregunté si había alguna enseñanza que pudiéramos recibir mientras esperaba.

—¿Puedes decirnos qué debemos saber? —le pregunté.

—No están aquí para decírmelo —respondió.

Fascinante. Si los Maestros no estaban allí para hablarle, Catherine no podía, por sí, proporcionar el conocimiento.

—Me siento muy inquieta. Quiero irme... Cuando llegue el momento adecuado, me iré.

Una vez más pasaron varios minutos en silencio. Por fin debió de llegar el momento oportuno: había entrado en otra vida.

—Veo manzanos... y una casa, una casa blanca. Yo vivo en la casa. Las manzanas están podridas... gusanos, no sirven para comer. Hay un columpio, un columpio en el árbol.

Le pedí que se observara.

—Tengo pelo claro, pelo rubio. Tengo cinco años. Me llamo Catherine.

Me llevé una sorpresa. Había entrado en su vida actual; era Catherine a los cinco años. Pero debía de estar allí por algún motivo.

—¿Ocurrió algo allí, Catherine?

—Mi padre está enojado con nosotros... porque no debemos estar fuera. Me... me pega con un palo. Es muy pesado; duele... Tengo miedo. —Gemía, hablando como una criatura—. No para hasta hacernos daño. ¿Por qué nos hace esto? ¿Por qué es tan malo?

Le pedí que viera su propia vida desde una perspectiva más elevada y que respondiera a su propia pregunta. Poco tiempo antes había leído que eso se podía hacer. Algunos escritores llamaban a esa perspectiva «yo superior» o «yo elevado». Sentía curiosidad por saber si Catherine podía llegar a ese estado, en caso de que existiera. En ese caso, sería una poderosa técnica terapéutica, un atajo hacia la penetración psicológica y la comprensión.

—Nunca nos quiso —susurró, muy suavemente—. Siente que somos intrusos en su vida... No nos quiere.

—¿Tampoco a tu hermano varón, Catherine? —pregunté.

—A mi hermano, menos aún. Su nacimiento no estaba planeado. No estaban casados cuando... él fue concebido.

Esa nueva información resultó ser asombrosa para Catherine. Ignoraba lo del embarazo prematrimonial. Más adelante, su madre le confirmó que así había sido.

Aunque estaba relatando una vida, Catherine exhibía ahora una sabiduría y un punto de vista con respecto a su existencia que, hasta entonces, habían estado restringidos al estado intermedio o espiritual. En cierto modo había una parte de su mente más «elevada» una especie de supraconciencia. Tal vez ése era el yo superior que otros describían. Aunque no estuviera en contacto con los Maestros y su espectacular conocimiento, aun así poseía, en su estado supraconsciente, profunda penetración psicológica y gran información, como la de la concepción de su hermano. La Catherine consciente, cuando estaba despierta, se mostraba mucho más ansiosa y limitada, mucho más simple y comparativamente superficial. No podía recurrir a ese estado supraconsciente. Me pregunté si los profetas y los sabios de las religiones orientales y occidentales, esos que llamamos «realizados», eran capaces de utilizar ese estado para obtener su sabiduría y sus conocimientos. En ese caso, todos tendríamos la capacidad de hacerlo, pues todos debemos de poseer ese supraconsciente. El psicoanalista Carl Jung sabía de la existencia de los diferentes niveles de conciencia; escribió acerca del inconsciente colectivo, un estado que tiene similitudes con el supraconsciente de Catherine.

Cada vez me sentía más frustrado por el abismo infranqueable que había entre el intelecto despierto y consciente de Catherine y su mente supraconsciente en el nivel de trance. Mientras estaba hipnotizada podía mantener conmigo fascinantes diálogos filosóficos a nivel supraconsciente. Sin embargo, cuando estaba despierta no mostraba interés alguno por la filosofía ni los temas relacionados con ella. Vivía en el mundo de los detalles cotidianos, ignorante del genio que en ella habitaba.

Mientras tanto, su padre la estaba atormentando, y los motivos se hacían evidentes.

—Tiene muchas lecciones que aprender —sugerí, en tono de interrogación.

—Sí..., en efecto.

Le pregunté si sabía qué necesitaba aprender él.

—Ese conocimiento no se me revela. —La voz era objetiva y distante—. Se me revela lo que es importante para mí, lo que me concierne. Cada persona debe ocuparse de sí misma... de hacerse... íntegra. Tenemos lecciones que aprender... cada uno de nosotros. Deben ser aprendidas una a una... en orden. Sólo entonces podemos saber qué necesita la persona de al lado, qué le falta o qué nos falta a nosotros para ser íntegros.

Hablaba en un susurro suave, y ese susurro encerraba una amorosa objetividad.

Cuando Catherine volvió a hablar, lo hizo otra vez con voz aniñada:

—¡Me da asco! Me hace comer esas cosas que no quiero. Es una comida... lechuga, cebollas, cosas que detesto. Me obliga a comerlas y sabe que me voy a poner mala. ¡Pero no le importa!

Catherine empezó a dar arcadas. Jadeaba, sofocada. Volví a sugerir que viera la escena desde una perspectiva superior, pues necesitaba comprender qué inducía a su padre a actuar de ese modo. Ella replicó en un susurro enronquecido:

—Eso ha de llenar en él cierto vacío. Me odia por lo que me hizo. Me odia y se odia a sí mismo.

Yo tenía casi olvidado el abuso sexual sufrido por Catherine a los tres años.

—Por eso debe castigarme... Debo de haber hecho algo para que él actúe así.

Ella tenía sólo tres años de edad y su padre estaba ebrio. Sin embargo, desde entonces llevaba esa culpa muy dentro. Le expliqué lo obvio:

—Tu eras sólo un bebé. Tienes que liberarte de esa culpa. Tú no hiciste nada. ¿Qué podía hacer una niña de tres años? No fuiste tú, sino tu padre.

—Debía de odiarme ya entonces —susurró, con suavidad—. Yo lo conocía antes, pero ahora no puedo recurrir a esa información. Tengo que volver a ese momento.

Aunque ya habían pasado varias horas, quise regresar a esa relación previa. Le di instrucciones detalladas.

—Te hallas en un estado profundo. Dentro de un instante empezaré a contar hacia atrás, de tres a uno. Entrarás en un estado más profundo y te sentirás totalmente segura. Tu mente estará en libertad de vagar otra vez por el tiempo, hasta la época en que se inició el vínculo con el padre que tienes en tu vida actual, hasta el momento que tuvo mayor influencia en lo que ocurrió en tu infancia entre tú y él. Cuando yo diga «uno» volverás a esa vida y lo recordarás. Es importante para tu curación. Puedes hacerlo. Tres... dos... uno.

Hubo una larga pausa.

—No lo veo... ¡pero veo que están matando a la gente!

Su voz era ahora fuerte y ronca.

—No tenemos derecho a interrumpir abruptamente la vida de alguien antes de que haya podido cumplir con su karma. Y es lo que estamos haciendo.

»No tenemos derecho. Sufrirán mayor castigo si los dejamos vivir. Cuando mueran y vayan a la próxima dimensión sufrirán allá. Estarán en un estado de gran inquietud. No tendrán paz. Y serán enviados de regreso aquí, pero para una vida muy dura. Y tendrán que compensar a esas personas a las que hicieron daño por las injusticias que cometieron contra ellas. Están interrumpiendo la vida de estas gentes y no tienen derecho a hacerlo. Sólo Dios puede castigarlas; nosotros, no. Serán castigados.

Pasó un minuto de silencio.

—Se han ido —susurró.

Los Espíritus Maestros nos habían dado un mensaje más, potente y claro. No debemos matar, cualesquiera que sean las circunstancias. Sólo Dios puede castigar.

Catherine estaba exhausta. Decidí postergar la búsqueda del pasado vínculo con su padre y la saqué del trance.

No recordaba nada, salvo sus encarnaciones como Christian y la pequeña Catherine. Se sentía cansada, pero también apacible y relajada, como si se le hubiera quitado un peso enorme. Mi mirada se cruzó con la de Carole. Nosotros también estábamos exhaustos. Habíamos estado temblando, sudorosos, pendientes de cada palabra. Acabábamos de compartir una experiencia increíble.

6

Empecé a fijar las sesiones semanales de Catherine a última hora del día, puesto que siempre duraban varias horas. Cuando volvió, a la semana siguiente, aún tenía el mismo aspecto apacible. Había llamado por teléfono a su padre. Sin darle detalle alguno, lo había perdonado, a su modo. Yo nunca la había visto tan serena. Me maravillaba la rapidez de su progreso. Es raro que un paciente con ansiedades y miedos tan crónicos y arraigados mejore de manera tan espectacular. Claro que Catherine no era en absoluto una paciente común, y el rumbo tomado por su terapia era inigualable, desde luego.

—Veo una muñeca de porcelana sentada en una especie de repisa. —Había caído prontamente en un trance profundo—. A ambos lados del hogar hay libros. Es una habitación dentro de una casa. Junto a la muñeca hay candelabros. Y una pintura... de la cara, la cara del hombre. Es él...

Catherine estaba observando el cuarto. Le pregunté qué veía.

—Algo cubre el suelo. Es velludo, como... es una

piel de animal, sí... una especie de alfombra hecha con pieles de animales. A la derecha hay dos puertas de vidrio... que dan a la galería. Hay cuatro peldaños; columnas en la fachada de la casa; cuatro peldaños para descender. Conducen a un sendero. Árboles grandes por todas partes... Hay algunos caballos fuera. Están atados... a unos postes que se levantan fuera, delante de la casa.

—¿Sabes dónde está eso? —pregunté.

Catherine aspiró profundamente.

—No veo ningún nombre —le susurró—, pero el año, el año ha de estar en alguna parte. Es el siglo XVIII, pero no... Hay árboles y flores amarillas, flores amarillas muy bonitas. —Las flores la distrajeron—. Tienen un perfume estupendo; un perfume dulce, las flores... flores extrañas, grandes... flores amarillas con el centro negro.

Hizo una pausa, permaneciendo entre las flores. Eso me recordó un sembrado de girasoles en el sur de Francia. Le pregunté por el clima.

—Es muy templado, pero no hay viento. No hace calor ni frío.

No avanzábamos nada en cuanto a identificar el lugar. La llevé otra vez al interior de la casa, lejos de las fascinantes flores amarillas, y le pregunté a quién representaba el retrato que colgaba encima de la repisa.

—No puedo... Oigo una y otra vez Aaron... su nombre es Aaron.

Le pregunté si era el dueño de la casa.

—No, el dueño es su hijo. Yo trabajo aquí.

Una vez más desempeñaba el papel de criada. Nunca se había acercado, siquiera remotamente, a la importancia de una Cleopatra o un Napoleón. Quienes dudan de la reencarnación (incluida mi propia y científica persona hasta dos meses antes de ese momento) suelen señalar la excesiva frecuencia de las encarnaciones en personajes famosos. Yo me encontraba en la rarísima situación de presenciar una demostración científica de la reencarnación en mi consultorio del departamento de Psiquiatría. Y se me estaba revelando mucho más que la autenticidad de la reencarnación.

—Siento la pierna muy... —prosiguió— muy pesada. Me duele. Es casi como si no la tuviera... Me he herido la pierna. Me han dado una coz los caballos. —Le indiqué que se observara.

»Tengo pelo castaño, pelo castaño y rizado. Llevo una especie de sombrero, una especie de toca blanca... y vestido azul, con algo parecido a un mandil... un delantal. Soy joven, pero ya no niña. Pero me duele la pierna. Acaba de ocurrir. Duele muchísimo. —Era evidente que sufría mucho—. Herradura... herradura. Me ha dado con la herradura. Es un caballo muy, pero muy malo. —Su voz se hizo más suave al ceder finalmente el dolor—. Siento el olor del heno, el forraje del granero. Hay otras personas que trabajan en la parte de los establos.

Le pregunté qué funciones cumplía.

—Era responsable de servir... en la casa grande. También me ocupaba a veces de ordeñar las vacas. —Quise saber más sobre los propietarios.

»La esposa es bastante regordeta, muy poco atractiva. Y hay dos hijas... No las conozco —agregó, anticipándose a la pregunta de si habían aparecido ya en la vida actual de Catherine.

Inquirí por su propia familia del siglo XVIII.

—No sé; no la veo. No veo a nadie conmigo.

Le pregunté si vivía allí.

—Vivo aquí, sí, pero no en la casa principal. Muy pequeña... la casa que nos han dado. Hay pollos. Recogemos los huevos. Son huevos oscuros. Mi casa es muy pequeña... y blanca... una sola habitación. Veo un hombre. Vivo con él. Tiene el pelo muy rizado y los ojos azules.

Quise saber si estaban casados.

—No; según ellos entienden el casamiento, no.

¿Había nacido allí?

—No. Me trajeron a la finca cuando era muy pequeña. Mi familia era muy pobre.

Su compañero no parecía conocido. Le indiqué que avanzara en el tiempo hasta el siguiente acontecimiento importante de esa vida.

—Veo algo blanco... blanco, con muchas cintas. Ha de ser un sombrero. Una especie de toca, con plumas y cintas blancas.

—¿Quién la lleva? ¿Es...? —Me interrumpió, haciéndome sentir un poco estúpido:

—La señora de la casa, desde luego. Se casa una de sus hijas. Toda la finca participa en la celebración.

Pregunté si el periódico decía algo sobre la boda. En ese caso, le habría pedido que mirara la fecha.

—No, no creo que aquí haya periódicos. No veo

nada parecido. —La documentación parecía difícil de conseguir en esa vida.

—¿Te ves en esa boda? —quise saber.

Ella respondió de prisa, en un susurro alto:

—No estamos en la boda. Sólo podemos observar a la gente que va y viene. Los sirvientes no podemos asistir.

—¿Qué sientes?

—Odio.

—¿Por qué? ¿Acaso te tratan mal?

—Porque somos pobres —respondió con suavidad— y estamos reducidos a servirlos a ellos. Y porque tenemos muy poco, en tanto que ellos tienen mucho.

—¿Llegas a salir de esa finca? ¿O pasas toda tu vida allí?

Respondió con melancolía:

—Paso toda mi vida allí.

Pude percibir su tristeza. Esa vida era a un tiempo difícil y desesperanzada. La hice avanzar hasta el día de su muerte.

—Veo una casa. Estoy tendida en cama, tendida en la cama. Me dan algo a beber, algo caliente. Tiene olor a menta. Me pesa mucho el pecho. Me cuesta respirar. Me duelen la espalda y el pecho... Un dolor fuerte... cuesta hablar.

Respiraba aceleradamente, superficialmente, con mucho dolor. Al cabo de algunos minutos de agonía, su cara se ablandó y su cuerpo quedó laxo. La respiración recobró la normalidad.

—He abandonado mi cuerpo. —Su voz era más

alta y ronca—. Veo una luz maravillosa... Salen a mi encuentro. Vienen a ayudarme. Personas maravillosas. No tienen miedo... Me siento muy liviana... —Hubo una pausa larga.

—¿Tienes algún pensamiento sobre la vida que acabas de abandonar?

—Eso es para después. Por el momento sólo siento la paz. Es un tiempo de consuelo. La persona debe ser reconfortada. El alma... aquí el alma encuentra paz. Se dejan todos los dolores físicos atrás. El alma está apacible y serena. Es una sensación maravillosa... maravillosa, como si el sol brillara siempre sobre una. ¡La luz es tan intensa! ¡Todo viene de la luz! De esa luz viene la energía. Nuestra alma va inmediatamente hacia allí. Es como una fuerza magnética que nos atrae. Es maravillosa. Es como una fuente de poder. Sabe curar.

—¿Tiene algún color?

—Tiene muchos colores.

Hizo una pausa, descansando en la luz.

—¿Qué estás experimentando? —aventuré.

—Nada... Sólo paz. Una está entre sus amigos. Todos están allí. Veo a muchas personas. Algunas me son familiares; otras, no. Pero estamos allí, esperando.

Continuó aguardando, en tanto pasaban lentamente los minutos. Decidí acelerar el paso.

—Tengo una pregunta que hacer.

—¿A quién? —preguntó Catherine.

—A alguien. A ti o a los Maestros —contesté, saliéndome por la tangente—. Creo que nos ayudará comprender esto. La pregunta es: ¿elegimos el momento y el modo de nacer y de morir? ¿Podemos elegir nuestra situación? ¿Podemos elegir el momento de nuestro nuevo tránsito? Creo que si comprendiéramos esto muchos de tus miedos se aliviarían, Catherine. ¿Hay alguien ahí que pueda responder a esas preguntas?

Hacía frío en el cuarto. Cuando Catherine volvió a hablar, su voz fue más grave y resonante. Era una voz que yo nunca le había oído. Era la voz de un poeta.

—Sí. Nosotros elegimos cuándo entramos en nuestro estado físico y cuándo lo abandonamos. Sabemos cuándo hemos cumplido lo que se nos envió a cumplir. Sabemos cuándo acaba el tiempo y uno aceptará su muerte. Pues uno sabe que no obtendrá nada más de esa vida. Cuando se tiene tiempo, cuando se ha tenido tiempo de descansar y recargar de energías el alma, se le permite a uno elegir su reingreso en el estado físico. Quienes vacilan, quienes no están seguros de su retorno aquí, pueden perder la oportunidad que se les ha dado, la posibilidad de cumplir lo debido cuando están en un cuerpo.

Supe de inmediato, con certeza, que no era Catherine quien hablaba.

—¿Quién me habla? —rogué—. ¿Quién me responde?

Catherine respondió en su familiar susurro:

—No sé. La voz de alguien muy... alguien que tiene dominio sobre las cosas, pero no sé quién es. Sólo puedo oír su voz y tratar de repetir lo que él dice.

También sabía que ese conocimiento no brotaba de ella misma, ni del subconsciente ni del inconsciente. Ni siquiera de su yo supraconsciente. De algún modo, estaba escuchando y transmitiéndome las palabras o las ideas de alguien muy especial, alguien que «tiene dominio sobre las cosas». Por lo tanto, había aparecido otro Maestro, diferente de aquel o aquellos que nos habían dado los mensajes previos, cargados de sabiduría. Se trataba de un nuevo espíritu, con voz y estilo característicos, poético y sereno. Era un Maestro que hablaba sobre la muerte sin vacilar; sin embargo, su voz y sus pensamientos estaban llenos de amor. El amor parecía cálido y real, pero también universal y objetivo. Era una bendición: no sofocaba, no era emocional, no obligaba a nada. Transmitía una sensación de amorosa objetividad, o de objetiva bondad amorosa, y parecía lejanamente familiar.

El susurro de Catherine se hizo más potente.

—No tengo fe en esta gente.

—¿En qué gente? —inquirí.

—En los Maestros.

—¿Que no tienes fe?

—No, me falta fe. Por eso mi vida ha sido tan difícil. En esa vida no tuve fe. —Estaba evaluando tranquilamente su vida del siglo XVIII. Le pregunté qué había aprendido en esa vida.

—Aprendí sobre la ira y el resentimiento, sobre albergar ciertos sentimientos hacia la gente. También tuve que aprender que no puedo manejar mi vida. Quiero dominio, pero no lo tengo. Debo tener fe en los Maestros. Ellos me guiarán a través de todo. Pero no tuve fe. Me sentía condenada desde el principio. Nunca miré nada con buenos ojos. Debemos tener fe... debemos tener fe. Y yo dudo. Prefiero dudar a creer.

Hizo una pausa.

—¿Qué deberíamos hacer, tú y yo, para ser mejores? ¿Nuestros caminos son el mismo? —pregunté.

La respuesta provino del Maestro que en la semana anterior había hablado de poderes intuitivos y del estado de coma. La voz, el estilo, el tono, eran diferentes de los de Catherine y del viril y poético Maestro que acababa de hablar.

—Básicamente, los caminos de todos son el mismo. Todos debemos aprender ciertas actitudes mientras nos encontramos en el estado físico. Algunos somos más rápidos que otros en aceptarlas. Caridad, esperanza, fe, amor... todos debemos conocer estas cosas, y conocerlas bien. No son sólo una esperanza, una fe, un amor; muchas cosas se alimentan de cada una de ellas. Hay muchas maneras de demostrarlas. Y sin embargo, sólo hemos recurrido a un poquito de cada una...

»Los miembros de órdenes religiosas se han acercado más que cualquiera de nosotros, porque han pronunciado votos de castidad y obediencia. Han renunciado a mucho sin pedir nada a cambio. El resto de nosotros continúa pidiendo recompensas: recompensas y justificaciones para nuestra conducta... cuando en realidad no hay recompensas, no las recompensas que deseamos. La recompensa está en hacer, pero en actuar sin esperar nada a cambio... en hacer sin egoísmos.

—Eso no lo he aprendido —añadió Catherine, con un suave susurro.

Por un momento me confundió la palabra «castidad» pero recordé que la raíz significaba «puro», lo cual se refería a un estado muy diferente de la mera abstinencia sexual.

—... No mimarse en exceso —continuó ella—. Cualquier cosa hecha en exceso... en exceso... ya lo comprenderás. En el fondo ya lo comprendes. —Hizo otra pausa.

—Lo intento —dije.

Luego decidí concentrarme en Catherine. Tal vez los Maestros aún no se hubieran retirado.

—¿Qué puedo hacer para ayudar mejor a Catherine a superar sus miedos y ansiedades? ¿Y para que aprenda sus lecciones? ¿Es ésta la mejor manera o debería cambiar algo? ¿O dedicarme a un área específica? ¿Cómo puedo ayudarla mejor?

La respuesta vino en la voz profunda del Maestro poeta. Me incliné hacia delante.

—Estás haciendo lo correcto. Pero es para ti, no para ella.

Una vez más, el mensaje sugería que todo eso era más en mi beneficio que en el de Catherine.

—¿Para mí?

—Sí. Lo que decimos es para ti.

No sólo se refería a Catherine en tercera persona, sino que decía «nosotros». Había, en verdad, varios Espíritus Maestros presentes.

—¿Puedo preguntar vuestros nombres? —inquirí. Inmediatamente hice una mueca de disgusto ante lo mundano de mi pregunta—. Necesito guía. Tengo mucho que aprender.

La respuesta fue un poema de amor, un poema sobre mi vida y mi muerte. La voz era suave y tierna. Sentí la amorosa objetividad de un espíritu universal. Lo escuché, sobrecogido.

—Serás guiado... a su debido tiempo. Serás guiado a su debido tiempo. Cuando hayas cumplido lo que se te envió a cumplir, entonces tu vida tendrá fin. Pero no antes de entonces. Tienes mucho tiempo por delante... mucho tiempo.

Me sentía a un tiempo ansioso y aliviado. Me alegraba de que él no fuera más específico. Catherine se estaba inquietando. Habló en un débil susurro.

—Caigo..., caigo..., trato de hallar mi vida..., caigo.

Suspiró. Yo hice lo mismo. Los Maestros se habían ido.

Medité sobre los milagrosos mensajes, mensajes muy personales de fuentes muy espirituales. Las implicaciones eran abrumadoras. La luz después de la muerte y la vida después de la muerte; nuestra elección del momento de nacer y del momento de morir; la guía segura e infalible de los Maestros; vidas medidas por lecciones aprendidas y tareas completadas, no por años; caridad, esperanza, fe y amor; hacer sin expectativas de recompensa: ese conocimiento era para mí. Pero ¿con qué finalidad? ¿Qué se me había enviado a cumplir?

Los impresionantes mensajes y los acontecimientos que se precipitaban sobre mí en el consultorio correspondían a profundos cambios en mi vida personal y familiar. La transformación fue deslizándose gradualmente en mi conciencia.

Por ejemplo: un día en que llevaba a mi hijo a un partido de béisbol del colegio nos vimos atrapados en un enorme atasco de circulación. Siempre me han fastidiado esos atascos; y en esa ocasión íbamos a perdernos, además, uno o dos *innings*. Sin embargo, caí en la cuenta de que no estaba fastidiado. No proyectaba la culpa en algún conductor incompetente. Mantenía relajados el cuello y los hombros. No descargaba la irritación contra mi hijo. Pasamos el rato conversando. Comprendí que sólo quería pasar una alegre tarde con Jordan, presenciando un juego del que ambos disfrutábamos. La meta de la tarde era pasar un rato juntos. Si yo me hubiera molestado y enfurecido, la salida se habría estropeado.

Cuando miraba a mis hijos y a mi esposa, me preguntaba si habíamos estado juntos anteriormente. ¿Acaso habíamos elegido compartir las pruebas, las tragedias y las alegrías de esta vida? ¿Carecíamos de edad? Sentía hacia ellos un gran amor, una gran ternura. Comprendí que sus defectos eran cosas sin importancia. En realidad, no tienen tanta importancia.

El amor sí.

Hasta me descubrí pasando por alto mis propios defectos por los mismos motivos. No tenía por qué tratar de ser perfecto ni de controlarlo siempre todo. No tenía necesidad de impresionar a nadie.

Me alegraba mucho poder compartir esta experiencia con Carole. Con frecuencia conversábamos después de cenar, ordenando mis sentimientos y reacciones ante las sesiones con Catherine. Carole tiene una mente analítica y tiene una buena base de conocimientos. Conocía mi fuerte necesidad de realizar esa experiencia con Catherine de manera cuidadosa y científica; entonces desempeñaba el papel de abogado del diablo, para ayudarme a analizar la información con objetividad.

A medida que aumentaban las evidencias críticas de que Catherine estaba, en efecto, revelando grandes verdades, Carole sentía y compartía mis aprensiones y mis alegrías.

7

Una semana después, cuando Catherine llegó para su próxima sesión, yo estaba listo para poner la grabación del increíble diálogo mantenido en la anterior. Después de todo, ella me estaba proporcionando poesía celestial, además de recuerdos de vidas pasadas. Le dije que me había relatado informaciones de experiencias vividas después de la muerte, aunque no tuviera ningún recuerdo del estado intermedio o espiritual. Se mostró reacia a escuchar. Asombrosamente mejorada y más feliz, no necesitaba escuchar ese material. Además, todo eso era algo «fantasmagórico». La convencí de que escuchara: era maravilloso, bello, inspirador, y venía a través de ella. Quería compartirlo con Catherine. Escuchó su leve susurro grabado sólo algunos minutos; luego me pidió que lo apagara. Dijo que era demasiado extraño y que la hacía sentirse incómoda. Yo, callado, recordé: «Esto es para ti, no para ella.»

Me pregunté cuánto tiempo durarían estas sesiones, puesto que Catherine mejoraba semana a semana. Sólo quedaba alguna pequeña onda en su estanque antes turbulento. Aún tenía miedo de los lugares cerrados; su relación con Stuart seguía siendo inestable. Por lo demás, su progreso era notable.

Llevábamos meses sin mantener una sesión de psicoterapia tradicional. No era necesario. Solíamos charlar algunos minutos para ponernos al tanto de lo acontecido en la semana; después pasábamos directamente a la regresión hipnótica. Ya fuera por los recuerdos mismos de traumas importantes o de pequeños traumas cotidianos, ya por el proceso de revivir las experiencias, Catherine estaba casi curada. Sus fobias y sus ataques de pánico habían desaparecido casi por completo. No tenía miedo a la muerte ni a morir. No le asustaba la posibilidad de perder el control. En la actualidad, los psiquiatras utilizan grandes dosis de sedantes y antidepresivos para tratar a los pacientes afectados por síntomas como los de Catherine. Además de esos medicamentos, suelen someterlos a psicoterapia intensiva o a sesiones de terapia grupal sobre fobias. Muchos psiquiatras creen que ese tipo de síntomas tienen una base biológica, que hay deficiencias en uno o varios elementos químicos cerebrales.

Mientras hipnotizaba a Catherine para llevarla a un trance profundo, pensé en lo notable y maravilloso de que, en un período de varias semanas, sin emplear medicamentos, terapia tradicional ni terapia de grupo, estuviera casi curada. No se trataba sólo de suprimir los síntomas ni de apretar los dientes y aprender a vivir con los miedos. Eso era curación, ausencia de síntomas. Y ella estaba radiante, serena y feliz más allá de mis más descabelladas esperanzas.

Su voz volvió a ser un susurro delicado.

—Estoy en un edificio, algo con techo abovedado. La bóveda es azul y dorada. Hay otras personas conmigo. Visten... un viejo... una especie de hábito, muy viejo y sucio. No sé cómo hemos llegado ahí. Hay muchas figuras en la habitación. También hay estatuas, estatuas de pie en una estructura de piedra. En un extremo de la habitación hay una gran figura de oro. Parece... Es muy grande, con alas. Es muy mala. Hace calor en la habitación, mucho calor. Hace calor porque allí no hay aberturas. Tenemos que mantenernos lejos de la aldea. Tenemos algo muy malo.

—¿Estáis enfermos?

—Sí, todos estamos enfermos. No sé qué padecemos, pero se nos muere la piel. Se pone muy negra. Siento mucho frío. El aire es muy seco, muy viciado. No podemos volver a la aldea. Tenemos que permanecer lejos. Algunos tienen la cara deformada.

Esa enfermedad parecía terrible, como la lepra. Si Catherine había tenido alguna existencia llena de placeres, aún no habíamos dado con ella.

—¿Cuánto tiempo tenéis que pasar ahí?

—La eternidad —respondió, sombría—, hasta que muramos. Esto no tiene cura.

—¿Sabes el nombre de la enfermedad? ¿Cómo se llama?

—No. La piel se pone muy seca y se encoge. Hace años que estoy aquí. Otros acaban de llegar. No hay modo de volver. Hemos sido expulsados... para morir.
—Sufría una tristísima existencia; vivía en una cueva.

»Para alimentarnos tenemos que cazar. Veo una especie de animal salvaje que estamos cazando... con cuernos. Es pardo, con cuernos, grandes cuernos.

—¿Os visita alguien?

—No, no pueden acercarse o ellos mismos contraerán el mal. Hemos sido maldecidos... por algún daño que hemos hecho. Y éste es nuestro castigo.

—Las arenas de su teología cambiaban sin cesar en el reloj de sus existencias. Solamente después de la muerte, en el estado espiritual, se presentaba una bienvenida y reconfortante constancia.

—¿Sabes qué año es ése?

—Hemos perdido la noción del tiempo. Estamos enfermos; nos limitamos a aguardar la muerte.

—¿No hay esperanza? —pregunté, contagiado por la desesperación.

—No hay esperanza. Todos moriremos. Y siento mucho dolor en las manos. Todo mi cuerpo está debilitado. Tengo muchos años. Me cuesta moverme.

—¿Qué ocurre cuando uno no puede moverse más?

—Lo llevan a otra cueva y lo dejan allí para que muera.

—¿Qué hacen con los muertos?

—Sellan la entrada de la cueva.

—¿Alguna vez se sella una cueva antes de que la persona haya muerto? —Yo buscaba una clave de su miedo a los sitios cerrados.

—No lo sé. Nunca he estado allí. Estoy en la habitación con otros. Hace mucho calor. Estoy contra la pared, tendida.

—¿Para qué sirve esa habitación?

—Para adorar... a muchos dioses. Es muy calurosa. —La hice avanzar en el tiempo.

»Veo algo blanco. Veo algo blanco, una especie de dosel. Están trasladando a alguien.

—¿Eres tú?

—No sé. Recibiré de buen grado la muerte. Me duele tanto el cuerpo...

Los labios de Catherine se tensaban por el dolor; el calor de la cueva la hacía jadear. La llevé hasta el día de su muerte. Aún jadeaba.

—¿Cuesta respirar? —pregunté.

—Sí, aquí dentro hace mucho calor... tanto calor, mucha oscuridad. No veo... y no puedo moverme.

Moría, paralizada y sola, en la cueva oscura y calurosa. La boca de la cueva ya estaba sellada. Se sentía asustada y desdichada. Su respiración se hizo más rápida e irregular. Misericordiosamente, murió, poniendo fin a esa angustiosa vida.

—Me siento muy liviana... como si estuviera flotando. Aquí hay mucha luz. Es maravilloso.

—¿Sientes olores?

—¡No!

Hizo una pausa. Quedé a la espera de los Maestros, pero ella fue rápidamente arrebatada.

—Caigo muy deprisa. ¡Vuelvo a un cuerpo!

Parecía tan sorprendida como yo.

—Veo edificios, edificios con columnas redondeadas. Hay muchos edificios. Estamos fuera. Hay árboles, olivos, en torno nuestro. Es muy bello. Estamos presenciando algo... La gente lleva máscaras muy curiosas, que les cubren la cara. Es alguna festividad. Visten largas túnicas y se cubren la cara con máscaras. Fingen ser lo que no son. Están en una plataforma... por encima de nuestros asientos.

—¿Estás presenciando una obra de teatro?

—Sí.

—¿Cómo eres? Mírate.

—Tengo el pelo castaño. Lo llevo trenzado.

Hizo una pausa. Su descripción de sí misma y la presencia de los olivos me recordaron esa vida de tipo griego, mil quinientos años antes de Cristo, en que yo había sido Diógenes, su maestro. Decidí investigar.

—¿Conoces la fecha?

—No.

—¿Te acompaña alguien que tú conozcas?

—Sí. Mi esposo está sentado junto a mí. No lo conozco (en su vida actual).

—¿Tienes hijos?

—Estoy encinta. —La elección del vocabulario era interesante, algo anticuado y en nada parecido al estilo consciente de Catherine.

—¿Está tu padre ahí?

—No lo veo. Tú estás presente... pero no conmigo. —Conque yo tenía razón: habíamos retrocedido treinta y cinco siglos.

—¿Qué hago ahí?

—Estás mirando, tan sólo... pero enseñas. Enseñas... Hemos aprendido de ti... cuadrados y círculos, cosas extrañas. Diógenes, eres tú ahí.

—¿Qué más sabes de mí?

—Eres anciano. Tenemos algún parentesco... Eres el hermano de mi madre.

—¿Conoces a otros de mi familia?

—Conozco a tu esposa... y a tus hijos. Tienes hijos varones. Dos de ellos son mayores que yo. Mi madre ha muerto. Murió muy joven.

—¿Y a ti te ha criado tu padre?

—Sí, pero ahora estoy casada.

—¿Y esperas un bebé?

—Sí. Tengo miedo. No quiero morir cuando nazca el niño.

—¿Eso es lo que le ocurrió a tu madre?

—Sí.

—¿Y tú temes que te pase lo mismo?

—Ocurre muchas veces.

—¿Es éste tu primer hijo?

—Sí. Estoy asustada. Será pronto. Estoy muy pesada. Me cuesta moverme... Hace frío.

Se había adelantado sola en el tiempo. El bebé estaba a punto de nacer. Catherine no había tenido hijos y yo no había asistido a ningún parto en los catorce años transcurridos desde mis prácticas de obstetricia en la escuela de medicina.

—¿Dónde estás? —pregunté.

—Tendida en algo de piedra. Hace mucho frío. Siento dolores... Alguien tiene que ayudarme. Alguien tiene que ayudarme. —Le indiqué que respirara profundamente; el bebé nacería sin dolor. Ella jadeaba y gruñía al mismo tiempo. El trabajo de parto duró varios minutos de tormento; por fin nació el niño. Tuvo una hija.

—¿Te sientes mejor ahora?

—Muy débil... ¡Mucha sangre!

—¿Sabes cómo se va a llamar la niña?

—No, estoy demasiado cansada... Quiero a mi bebé.

—Tu bebé está aquí —improvisé yo—; una niñita.

—Sí, mi esposo está complacido.

Se sentía exhausta. Le indiqué que durmiera un momento y que despertara repuesta. Al cabo de uno o dos minutos la desperté de la siesta.

—¿Te sientes mejor ahora?

—Sí... veo animales. Llevan algo en el lomo. Son cestos. En los cestos hay muchas cosas... comida... algunas frutas rojas...

—¿La región es bonita?

—Sí, con mucha comida.

—¿Sabes cómo se llama la región? ¿Cómo la llamáis cuando un forastero os pregunta el nombre de la aldea?

—Cathenia... Cathenia...

—Se diría que es una ciudad griega —sugerí.

—No sé. ¿Lo sabes tú? Tú has viajado lejos de la aldea y has regresado. Yo no.

Ésa era una novedad. Puesto que en esa vida yo era su tío, mayor y más sabio, ella me preguntaba si yo conocía la respuesta a mi propia pregunta. Por desgracia, yo no tenía acceso a esa información.

—¿Has pasado toda tu vida en la aldea?

—Sí —susurró—, pero tú viajas, para poder saber lo que enseñas. Viajas para aprender, para conocer la tierra... las diferentes rutas comerciales, para poder anotarlas y hacer mapas... Tú eres anciano. Vas con dos más jóvenes porque comprendes las cartas. Eres muy sabio.

—¿A qué cartas te refieres? ¿Cartas de las estrellas?

—Sí, tú comprendes los símbolos. Puedes ayudarlos a hacer... ayudarlos a hacer mapas.

—¿Reconoces a otras personas de la aldea?

—No los conozco... pero a ti sí.

—Bien. ¿Cómo son nuestras relaciones?

—Muy buenas. Tú eres muy bondadoso. Me gusta sentarme a tu lado, simplemente; es muy reconfortante... Nos has ayudado. Has ayudado a mis hermanas...

—Pero llega un momento en el que debo dejaros, puesto que soy viejo.

—No.

No estaba dispuesta a vérselas con mi muerte.

—Veo un pan, pan plano, muy plano y delgado.

—¿Hay gente que coma ese pan?

—Sí, mi padre, mi esposo y yo. Y otras personas de la aldea.

—¿A qué se debe?

—Es un... algún festival.

—¿Está tu padre ahí?

—Sí.

—¿Y tu bebé también?

—Sí, pero no conmigo. Está con mi hermana.

—Mira con atención a tu hermana —sugerí, buscando la identificación de alguna persona importante en la vida actual de Catherine.

—Sí, la conozco.

—¿Conoces a tu padre?

—Sí... sí... Edward. Hay higos, higos y aceitunas... y fruta roja. Hay pan aplanado. Y han matado algunas ovejas. Están asando las ovejas. —Hubo una larga pausa—. Veo algo blanco...

Una vez más había avanzado sola en el tiempo.

—Es blanco... es una caja cuadrada. Allí ponen a la gente cuando muere.

—¿Ha muerto alguien, entonces?

—Sí... mi padre. No quiero mirarlo. No me gusta mirarlo.

—¿Es preciso que mires?

—Sí. Se lo llevarán para enterrarlo. Estoy muy triste.

—Sí, lo sé. ¿Cuántos hijos tienes? —El periodista que había en mí no la dejaba en paz con su luto.

—Tengo tres: dos varones y una niña.

Después de responder a mi pregunta, obediente, volvió a su dolor.

—Han puesto su cuerpo bajo algo, bajo una cubierta... —Parecía muy triste.

—¿Yo también he muerto para entonces?

—No. Estamos tomando algunas uvas, uvas en copas.

—¿Cómo soy ahora?

—Muy, muy viejo.

—¿Te sientes ya mejor?

—¡No! Cuando mueras, me quedaré sola.

—¿Acaso has sobrevivido a tus hijos? Ellos cuidarán de ti.

—¡Pero tú sabes tanto! —Hablaba como una niñita.

—Lo superarás. Tú también sabes mucho. Estarás a salvo.

La reconforté; pareció descansar apaciblemente.

—¿Estás más en paz? ¿Dónde te encuentras ahora?

—No sé.

Al parecer, había cruzado al estado espiritual, aun sin haber experimentado su muerte en esa vida. Esa semana habíamos recorrido dos vidas en considerable detalle. Aguardé a los Maestros, pero Catherine continuó descansando. Al cabo de varios minutos más, le pregunté si podía hablar con los Espíritus Maestros.

—No he llegado a ese plano —explicó—. No puedo hablar mientras no llegue.

Nunca llegó a ese plano. Después de mucho esperar, la saqué de su trance.

8

Pasaron tres semanas antes de nuestra siguiente sesión. En mis vacaciones, tendido en una playa tropical, tuve el tiempo y la distancia necesarios para reflexionar sobre lo que había ocurrido con Catherine: regresión hipnótica a vidas pasadas, con observaciones detalladas y explicaciones de objetos, procesos y hechos de los que ella no tenía conocimiento en su vida normal y consciente; mejoría de sus síntomas mediante las regresiones, una mejoría que la psicoterapia corriente no había alcanzado, siquiera remotamente, en los primeros dieciocho meses de tratamiento; revelaciones escalofriantemente precisas del estado espiritual posterior a la muerte, en las que transmitía conocimientos a los que ella no tenía acceso; poesía espiritual y lecciones sobre las dimensiones posteriores a la muerte, sobre la vida y la muerte, el nacimiento y el renacimiento, dadas por Espíritus Maestros, que hablaban con una sabiduría y un estilo muy superiores a la capacidad de Catherine. Había mucho que analizar, en efecto.

En el curso de los años yo había tratado a muchos

cientos, tal vez a millares de pacientes psiquiátricos, que reflejaban todo el espectro de los trastornos emocionales. Había dirigido unidades de pacientes internos en cuatro grandes escuelas de medicina. Había pasado años en salas de urgencia psiquiátrica, en clínicas para pacientes externos y en diversos lugares, diagnosticando y tratando a pacientes externos. Lo sabía todo sobre las alucinaciones auditivas y visuales, sobre las engañosas ilusiones de la esquizofrenia. Había tratado a muchos pacientes con síntomas dudosos y trastornos de carácter histérico, incluyendo la escisión o las personalidades múltiples. Había sido profesor en abuso de alcohol y drogas en una institución, fundada por el Instituto Nacional de Abuso de Drogas, y estaba familiarizado con toda la gama de los efectos de las drogas sobre el cerebro.

Catherine no presentaba ninguno de esos síntomas o síndromes. Lo ocurrido no era una manifestación de enfermedad psiquiátrica. Ella no era psicópata (no estaba fuera de contacto con la realidad) ni había sufrido nunca alucinaciones (no oía ni veía cosas que en realidad no existieran) o ilusiones (falsas creencias).

No consumía drogas ni tenía rasgos sociopáticos. No tenía una personalidad histérica ni tendencias disociativas. Es decir, en general actuaba con conciencia de lo que hacía y pensaba; no funcionaba con el «piloto automático» y nunca había tenido personalidad escindida o múltiple. El material que producía estaba, con frecuencia, más allá de su capacidad consciente, tanto en estilo como en contenido. Una parte era especialmente psíquica, como las referencias a sucesos específicos de mi propio pasado (por ejemplo, los conocimientos sobre mi padre y mi hijo) así como del propio. Exhibía conocimientos a los que nunca había tenido acceso ni podía haber reunido en su vida presente. Esos conocimientos, así como la experiencia en sí, eran extraños a su cultura y a su educación, además de contrarios a muchas de sus creencias.

Catherine es una persona relativamente sencilla y honesta. No es una erudita; ella no pudo haber inventado los hechos, detalles, acontecimientos históricos, descripciones y elementos poéticos que llegaban a través de ella. Como psiquiatra y científico, yo estaba seguro de que el material se originaba en alguna porción de su mente inconsciente. Era real, sin lugar a dudas. Aunque Catherine hubiera sido una consumada actriz, no habría podido recrear esos hechos. El conocimiento era demasiado exacto y específico; estaba por encima de su capacidad.

Analicé el propósito terapéutico de explorar las vidas pasadas de Catherine. Una vez que hubimos tropezado con ese nuevo reino, su mejoría fue enormemente rápida, sin necesidad de medicación. Existe en ese reino una fuerza poderosamente curativa, una fuerza al parecer mucho más efectiva que la terapia normal o los medicamentos modernos. Esa fuerza incluye recordar y volver a vivir, no sólo grandes acontecimientos traumáticos, sino también los diarios ultrajes a nuestros cuerpos, mentes y egos. En mis preguntas, mientras investigábamos vidas, yo buscaba los patrones de esos insultos, patrones tales como el abuso emocional o físico crónico, la pobreza y el hambre, la enfermedad y la incapacidad, prejuicios y persecuciones persistentes, fracasos repetidos, etcétera. También me mantenía alerta a las tragedias más penetrantes, como una traumática experiencia de muerte, violaciones, catástrofes masivas y cualquier otro suceso horripilante que pudiera haber dejado una huella permanente. La técnica era similar a la de repasar una infancia en la terapia común, excepto que el marco cronológico era de varios milenios, en vez de reducirse a los diez o quince años habituales. Por lo tanto, mis preguntas eran más directas y más intencionadas que en una terapia común. Pero el éxito de nuestra poco ortodoxa exploración resultaba incuestionable. Ella (y otros que yo trataría más adelante con regresión hipnótica) se estaba curando con tremenda velocidad.

Pero ¿había otras explicaciones de los recuerdos que Catherine guardaba de vidas pasadas? ¿Era posible que esos recuerdos le fueran transmitidos por sus genes? Esa posibilidad es científicamente remota. La memoria genética requiere el paso ininterrumpido de material genético de generación en generación. Catherine vivió por toda la tierra y su linaje genético se interrumpió muchas veces. Murió en una inundación con su prole, también en la niñez, y también sin haber procreado. Su reserva genética terminó sin ser transmitida. ¿Y en cuanto a la supervivencia después de la muerte y el estado intermedio? No había cuerpo ni material genético, ciertamente; sin embargo, sus recuerdos continuaban. No, era menester descartar la explicación genética.

¿Cabía la idea de Jung sobre el inconsciente colectivo, almacén de toda la memoria y la experiencia humana, a la que ella podía estar recurriendo, de algún modo? Hay culturas divergentes que poseen, con frecuencia, símbolos similares, aun en sueños. Según Jung, el inconsciente colectivo no se adquiere personalmente, sino que se «hereda» de algún modo en la estructura cerebral. Incluye motivos e imágenes que surgen de nuevo en todas las culturas, sin necesidad de tradición histórica o propagación. Me parecía que los recuerdos de Catherine eran demasiado concretos para que el concepto de Jung les sirviera de explicación. Ella no revelaba símbolos, imágenes ni motivos universales, sino descripciones detalladas de personas y lugares determinados. Las ideas de Jung parecían demasiado vagas. Y aún quedaba por considerar el estado intermedio. En resumidas cuentas, la reencarnación era lo que tenía más sentido.

El conocimiento de Catherine no era sólo detallado y concreto, sino que estaba más allá de su capacidad consciente. Sabía de cosas que no había podido espigar de un libro para olvidarlas después pasajeramente. Sus conocimientos no podían haber sido adquiridos en la niñez y luego suprimidos o reprimidos de la conciencia de modo similar. ¿Y los Maestros y sus mensajes? Eso llegaba mediante Catherine, pero no de ella. Y su sabiduría se reflejaba también en los recuerdos que Catherine guardaba de sus vidas. Yo sabía que esa información y sus mensajes eran verdad. Lo sabía, no por mis muchos años de cuidadoso estudio de las personas, sus mentes, sus cerebros y personalidades, sino también por intuición, aun antes de la visita de mi padre y mi hijo. Mi cerebro, con todos sus años de cuidadoso estudio científico, lo sabía. Pero también tenía un fuerte presentimiento.

—Veo vasijas que contienen una especie de aceite. —Pese a la interrupción de tres semanas, Catherine había caído prontamente en un trance profundo. Estaba sumergida en otro cuerpo, en otra época.

»En las vasijas hay diferentes tipos de aceite. Eso parece una especie de depósito, un lugar para guardar cosas. Las vasijas son rojas... rojas, hechas con algún tipo de tierra colorada. Alrededor tienen bandas azules, bandas azules alrededor de la boca. Veo hombres ahí... hay hombres en la cueva. Están trasladando los jarros y las vasijas de un lado a otro, para acomodarlos y ponerlos en cierto lugar. Tienen la cabeza rapada... no tienen pelo en la cabeza. La piel es morena... piel morena.

—¿Estás tú ahí?

—Sí... Estoy sellando algunos de los jarros... con una especie de cera... sello la tapadera de los jarros con la cera.

—¿Sabes para qué se usan los aceites?

—No lo sé.

—¿Te ves a ti misma? Obsérvate. Dime cómo eres. —Hizo una pausa para observarse.

—Llevo trenza. Hay una trenza en mi pelo. Tengo una especie de... una prenda larga. Tiene un borde dorado alrededor.

—¿Trabajas para esos sacerdotes, para los hombres de cabeza rapada?

—Mi trabajo consiste en sellar los jarros con la cera. Ése es mi trabajo.

—Pero ¿no sabes para qué sirven los jarros?

—Parecen ser para algún rito religioso. Pero no sé con certeza... qué es. Hay un ungüento, algo en la cabeza... uno lo lleva en la cabeza y en las manos, las manos. Veo un pájaro, un pájaro de oro que me cuelga del cuello. Es plano. Tiene una cola plana, una cola muy plana, y la cabeza apunta hacia abajo... hacia mis pies.

—¿Hacia tus pies, Catherine?

—Sí, así es como se debe llevar. Hay una sustancia negra... negra y pegajosa. No sé qué es.

—¿Dónde está?

—En un recipiente de mármol. Ellos usan también eso, pero no sé para qué sirve.

—¿Hay algo en la cueva que puedas leer, para que me indiques el nombre del país, del lugar en donde vives o la fecha?

—En los muros no hay nada; están vacíos. No conozco el nombre.

La hice avanzar en el tiempo.

—Hay un frasco blanco, una especie de frasco blanco. El asa de la tapa es de oro; está como incrustada en oro.

—¿Qué contiene ese frasco?

—Una especie de ungüento. Tiene algo que ver con el paso al otro mundo.

—¿Eres tú la persona que va a pasar ahora?

—¡No! No es nadie que yo conozca.

—¿Éste también es tu trabajo? ¿Preparar a las personas para ese paso?

—No. Es el sacerdote quien debe hacer eso, no yo. Nosotros nos limitamos a suministrarle los ungüentos, el incienso...

—¿Qué edad pareces tener ahora?

—Dieciséis.

—¿Vives con tus padres?

—Sí, en una casa de piedra, una especie de vivienda de piedra. No es muy grande. Hace mucho calor. El clima es caliente y seco.

—Ve a tu casa.

—Estoy ahí.

—¿Ves a otras personas de tu familia?

—Veo a un hermano; también está ahí mi madre. Y un bebé, el bebé de alguien.

—¿Es tuyo ese bebé?

—No.

—¿Qué hay de importante ahora? Ve hacia algo importante, que explique tus síntomas en la vida actual. Necesitamos comprender. No hay riesgo en la experiencia. Ve hacia los hechos.

Ella respondió con un susurro muy suave.

—Todo a su tiempo... Veo morir a la gente.

—¿Gente que muere?

—Sí... no saben qué es.

—¿Una enfermedad?

De pronto caí en la cuenta de que ella tocaba nuevamente una vida antigua, a la que había regresado en otra oportunidad. En esa vida, una plaga transmitida por el agua había matado a su padre y a uno de sus hermanos. Catherine también había padecido la enfermedad, pero sin sucumbir a ella. La gente usaba ajo y otras hierbas para tratar de rechazar la plaga. Ella se había sentido muy inquieta porque no se embalsamaba debidamente a los muertos. Pero ahora nos enfrentábamos a esa vida desde un ángulo diferente.

—¿Tiene algo que ver con el agua?

—Eso creen. Son muchos los que mueren.

Yo conocía ya el final.

—Pero tú no mueres por eso.

—No, no muero.

—Pero enfermas mucho. Te sientes mal.

—Sí, tengo mucho frío... mucho frío. Necesito agua... agua. Creen que viene del agua... y algo negro... Alguien muere.

—¿Quién muere?

—Muere mi padre, y también un hermano. Mi madre está bien; se recobra. Está muy débil. Tienen que enterrar a la gente. Los entierran, y la gente se preocupa porque eso va contra las prácticas religiosas.

—¿Cuáles son esas prácticas?

Me maravillaba la concordancia de sus recuerdos, hecho por hecho, exactamente como había relatado esa vida varios meses antes. Una vez más, esa desviación de las costumbres funerarias normales la inquietaba mucho.

—Se ponía a la gente en cuevas. Los cadáveres eran conservados en cuevas. Pero antes debían ser preparados por los sacerdotes... Debían ser envueltos y untados con ungüento. Se los mantenía en cuevas, pero el país está inundado... dicen que el agua es mala. No bebáis el agua.

—¿Hay algún tratamiento? ¿Dio resultado algo?

—Se nos dieron hierbas, hierbas diferentes. Los olores... las hierbas y... percibo el olor. ¡Lo huelo!

—¿Reconoces el olor?

—Es blanco. Lo cuelgan del techo.

—¿Es como ajo?

—Está colgado alrededor... Las propiedades son similares, sí. Sus propiedades... se pone en la boca, en las orejas, en la nariz... El olor es fuerte. Se creía que impedía la entrada a los malos espíritus en el cuerpo. Fruta morada, o algo redondo con superficie morada, corteza morada...

—¿Reconoces la cultura en que estás? ¿Te parece familiar?

—No sé.

—Esa cosa purpúrea, ¿es una especie de fruta?

—Tanis.

—¿Te ayudará eso? ¿Es para la enfermedad?

—En ese tiempo, sí.

—Tanis —repetí, tratando, una vez más, de ver si se refería a lo que llamamos tanino o ácido tánico—. ¿Así se llama? ¿Tanis?

—Oigo... sigo oyendo «tanis».

—De esta vida, ¿qué ha quedado sepultado en tu vida actual? ¿Por qué vuelves una y otra vez aquí? ¿Qué te molesta tanto?

—La religión —susurró Catherine, de inmediato—, la religión de esa época. Era una religión de miedo... miedo. Había tantas cosas que temer... y tantos dioses...

—¿Recuerdas los nombres de algunos dioses? —dije.

—Veo ojos. Veo una cosa negra... una especie de... parece un chacal. Está en una estatua. Es una especie de guardián... Veo una mujer, una diosa, con una especie de toca.

—¿Sabes el nombre de la diosa?

—Osiris... Sirus... algo así. Veo un ojo... un ojo, sólo un ojo con una cadena. Es de oro.

—¿Un ojo?

—Sí... ¿Quién es Hathor?

—¿Qué?

—¡Hathor! ¡Quién es!

Nunca había oído hablar de Hathor, aunque sabía que Osiris, si la pronunciación era correcta, era el hermano-esposo de Isis, la principal deidad egipcia. Hathor, según supe después, era la diosa egipcia del amor, el regocijo y la alegría.

—¿Es uno de los dioses? —pregunté.

—¡Hathor, Hathor! —Hubo una larga pausa—. Pájaro... es plano... plano, un fénix...

Guardó silencio otra vez.

—Avanza ahora en el tiempo, hasta el último día de esa vida. Ve hasta tu último día, pero antes de morir. Dime qué ves.

Respondió con un susurro muy suave.

—Veo edificios y gentes. Veo sandalias, sandalias. Hay un paño rústico, una especie de paño rústico.

—¿Qué ocurre? Ve ahora al momento de tu muerte. ¿Qué te ocurre? Tú puedes verlo.

—No veo... no me veo más.

—¿Dónde estás? ¿Qué ves?

—Nada... sólo oscuridad... veo una luz, una luz cálida. —Ya había muerto, había pasado al estado espiritual. Al parecer, no necesitaba experimentar otra vez su muerte real.

—¿Puedes acercarte a la luz? —pregunté.

—Allá voy.

Descansaba apaciblemente, esperando otra vez.

—¿Puedes mirar ahora hacia atrás, hacia las lecciones de esa vida? ¿Tienes ya conciencia de ellas?

—No —susurró.

Continuaba esperando. De pronto se mostró alerta, aunque sus ojos permanecían cerrados, como ocurría siempre que estaba en trances hipnóticos. Movía la cabeza de un lado a otro.

—¿Qué ves ahora? ¿Qué está pasando?

Su voz era más potente.

—Siento... ¡alguien me habla!

—¿Qué te dicen?

—Hablan de la paciencia. Uno debe tener paciencia...

—Sí, continúa. —La respuesta provino inmediatamente del Maestro poeta.

—Paciencia y tiempo... todo llega a su debido tiempo. No se puede apresurar una vida, no se puede resolver según un plan, como tanta gente quiere. Debemos aceptar lo que nos sobreviene en un momento dado y no pedir más. Pero la vida es infinita;

jamás morimos; jamás nacimos, en realidad. Sólo pasamos por diferentes fases. No hay final. Los humanos tienen muchas dimensiones. Pero el tiempo no es como lo vemos, sino lecciones que hay que aprender.

Hubo una larga pausa. El Maestro poeta continuó.

—Todo te será aclarado a su debido tiempo. Pero necesitas una oportunidad para digerir el conocimiento que ya te hemos dado.

Catherine guardó silencio.

—¿Hay algo más que yo deba saber?

—Se han ido —me susurró—. Ya no oigo a nadie.

9

Semana a semana, nuevas capas de temores y ansiedades neuróticas se desprendían de Catherine. Semana a semana se la veía un poco más serena, un poco más suave y paciente. Tenía más confianza en sí misma y atraía a la gente. Daba más amor y los demás se lo devolvían. El diamante interior que era su verdadera personalidad brillaba, luminoso, a la vista de todos.

Las regresiones de Catherine abarcaban milenios. Cada vez que entraba en un trance hipnótico, yo no tenía idea alguna de dónde emergerían los hijos de sus vidas. Desde las cuevas prehistóricas hasta los tiempos modernos, pasando por el antiguo Egipto, ella había estado en todas partes. Y todas sus existencias habían sido amorosamente custodiadas por los Maestros, desde más allá del tiempo. En la sesión de ese día apareció; en el siglo XX, pero no como Catherine.

—Veo un fuselaje y una pista aérea, una especie de pista de aterrizaje —susurró suavemente.

—¿Sabes dónde estás?

—No veo... ¿alsaciana? —Luego, con más decisión—: Alsaciana.

—¿En Francia?

—No sé, sólo alsaciana... Veo el nombre Von Marks, Von Marks (ortografía fonética). Una especie de casco marrón o un gorro... un gorro con gafas. La tropa ha sido destruida. Parece ser una zona muy remota. No creo que haya una ciudad cercana.

—¿Qué ves?

—Veo edificios destruidos. Veo edificios... La tierra está destrozada por... los bombardeos. Es una zona muy bien oculta.

—¿Qué haces tú?

—Ayudo con los heridos. Se los están llevando.

—Obsérvate. Descríbete. Mira hacia abajo y dime qué ropa vistes.

—Llevo una especie de chaqueta. Pelo rubio. Ojos azules. Mi chaqueta está muy sucia. Hay mucha gente herida.

—¿Te han formado para que ayudes a los heridos?

—No.

—¿Vives ahí o te han llevado a ese sitio? ¿Dónde vives?

—No sé.

—¿Qué edad tienes?

—Treinta y cinco años.

Catherine tenía veintinueve; sus ojos no eran azules, sino color avellana. Continué con el interrogatorio.

—¿No tienes nombre? ¿No está en la chaqueta?

—En la chaqueta hay unas alas. Soy piloto... algún tipo de piloto.

—¿Pilotas aviones?

—Sí, tengo que hacerlo.

—¿Quién te obliga a volar?

—Estoy de servicio y debo volar. Es mi trabajo.

—¿También dejas caer las bombas?

—En el avión tenemos un artillero. Hay un navegante.

—¿Qué tipo de aviones pilotas?

—Una especie de helicóptero. Tiene cuatro hélices. Es un ala fija.

Eso me llamó la atención, pues Catherine no sabía nada de aviones. Me pregunté qué entendería por «ala fija». Pero en la hipnosis poseía amplios conocimientos, como la técnica para hacer mantequilla o para embalsamar cadáveres. Sin embargo, sólo una fracción de esos conocimientos le era accesible a su mente consciente y cotidiana. Insistí.

—¿Tienes familia?

—No está conmigo.

—Pero ¿ellos están a salvo?

—No sé. Tengo miedo... miedo de que vuelvan. ¡Mis amigos están muriendo!

—Tienes miedo de que vuelvan, ¿quiénes?

—Los enemigos.

—¿Quiénes son?

—Los ingleses... las Fuerzas Armadas americanas... los ingleses.

—Sí. ¿Recuerdas a tu familia?

—¿Si la recuerdo? Hay demasiada confusión.

—Retrocedamos en la misma vida a un momento feliz, antes de la guerra, por la época en que estabas en tu hogar, con tu familia. Puedes verlo. Sé que es difícil, pero quiero que te relajes. Trata de recordar.

Catherine hizo una pausa. Luego susurró:

—Oigo el nombre de Eric... Eric. Veo una criatura rubia, una niña.

—¿Es hija tuya?

—Sí, ha de serlo... Margot.

—¿Está cerca?

—Está conmigo. Estamos de picnic. El día es hermoso.

—¿Hay alguien más ahí? ¿Además de Margot?

—Veo una mujer de pelo castaño, sentada en la hierba.

—¿Es tu esposa?

—Sí..., no la conozco —agregó, refiriéndose a las personas que conocía en su vida actual.

—¿Conoces a Margot? Observa mejor a Margot. ¿La conoces?

—Sí, pero no estoy segura... La conocí en alguna parte...

—Ya lo recordarás. Mírala a los ojos.

—Es Judy —respondió.

En la actualidad, Judy era su mejor amiga. Se habían entendido desde el primer momento, entablando una sincera amistad; cada una confiaba sin reservas en la otra; se adivinaban los pensamientos y las necesidades antes de expresarlos verbalmente.

—¿Judy? —repetí.

—Judy, sí. Se parece a ella... sonríe como ella.

—Sí, qué bien. ¿Eres feliz en tu hogar o hay problemas?

—No hay problemas. (Larga pausa.) Sí. Sí, es una época de disturbios. Hay un profundo problema en el gobierno alemán, la estructura política. Hay demasiada gente que quiere avanzar en demasiadas direcciones. Eso, con el tiempo, nos hará pedazos... Pero debo combatir por mi país.

—¿Amas mucho a tu país?

—No me gusta la guerra. Creo que matar está mal, pero debo cumplir con mi deber.

—Ahora vuelve, vuelve a donde estabas antes, al avión en tierra, los bombardeos, la guerra. Es más adelante; la guerra ya ha empezado. Ingleses y americanos están tirando bombas cerca de ti. Regresa. ¿Ves otra vez el avión?

—Sí.

—¿Aún sientes lo mismo sobre el deber, la guerra y matar?

—Sí. Moriremos por nada.

—¿Qué?

—Que moriremos por nada —repitió, con un susurro más alto.

—¿Por nada? ¿Por qué por nada? ¿No hay gloria en eso? ¿No es por defender a tu patria ni a tus seres amados?

—Moriremos por defender las ideas de unas cuantas personas.

—¿Aunque sean los líderes de tu país? Pueden equivocarse...

Me interrumpió con prontitud:

—No son los líderes. Si fueran líderes, no habría tanto forcejeo interno... en el gobierno.

—Algunos dicen que están locos. ¿Te parece cierto eso? ¿Están locos por el poder?

—Todos debemos de estar locos para dejarnos manejar por ellos, para permitir que nos impulsen... a matar. Y a matarnos.

—¿Te queda algún amigo?

—Sí, aún quedan algunos con vida.

—¿Hay alguien con quien tengas una amistad especial? ¿Entre los tripulantes de tu avión? Tu artillero y tu navegante, ¿viven aún?

—No los veo, pero mi avión no lo han destruido.

—¿Vuelves a pilotar el avión?

—Sí. Tenemos que darnos prisa para despegar con lo que queda del avión... antes de que regresen.

—Sube a tu avión.

—No quiero ir. —Parecía querer negociar conmigo.

—Pero tienes que despegar.

—Es tan inútil...

—¿Qué tipo de profesión tenías antes de la guerra? ¿Lo recuerdas? ¿Qué hacía Eric?

—Era segundo piloto... de un pequeño avión, un avión de carga.

—¿También eras piloto entonces?

—Sí.

—¿Y pasabas mucho tiempo fuera de casa?

Respondió con mucha suavidad, con melancolía:

—Sí.

—Adelántate en el tiempo —le indiqué—, hasta el próximo vuelo. ¿Puedes hacerlo?

—No hay próximo vuelo.

—¿Te ocurre algo?

—Sí.

Su respiración era acelerada; empezaba a agitarse. Se había adelantado hasta el día de su muerte.

—¿Qué ocurre?

—Huyo del fuego. El fuego está destrozando a mi grupo.

—¿Sobrevives a eso?

—Nadie sobrevive... nadie sobrevive a una guerra. ¡Me estoy muriendo! —Su respiración era trabajosa—. ¡Sangre! ¡Hay sangre por todas partes! Me duele el pecho. Me han herido en el pecho... y la pierna... y el cuello. Me duele mucho.

Estaba en agonía, pero pronto su respiración se hizo más lenta y más regular; sus músculos faciales se relajaron y adquirió un aspecto de paz. Reconocí la calma del estado de transición.

—Se te ve más cómoda. ¿Ha pasado?

Hizo una pausa, antes de responder con mucha suavidad:

—Estoy flotando... apartándome de mi cuerpo. No tengo cuerpo. Estoy nuevamente en espíritu.

—Bien. Descansa. Has llevado una vida difícil. Has pasado por una muerte difícil. Necesitas descansar. Reponerte. ¿Qué aprendiste en esa vida?

—Aprendí cosas sobre el odio... las matanzas insensatas... el odio mal dirigido... la gente que odia sin saber por qué. Se nos impulsa a eso... nos impulsa el mal, cuando nos encontramos en estado físico...

—¿Hay una obligación más elevada que la obligación para con el país? ¿Algo que hubiera podido impedir que tú mataras? ¿Pese a las órdenes? ¿Alguna obligación para contigo misma?

—Sí...

Pero no dio detalles.

—¿Ahora esperas algo?

—Sí... Espero ir a un estado de renovación. Tengo que esperar. Vendrán por mí... vendrán...

—Bien. Cuando vengan, me gustaría hablar con ellos.

Aguardamos varios minutos más. Luego, de forma abrupta, su voz sonó potente y grave. Hablaba el primero de los Espíritus Maestros, no el poeta.

—Tenías razón al suponer que éste era el tratamiento correcto para quienes están en un plano físico. Debes erradicar los miedos de sus mentes. El miedo es un derroche de energía; impide a las personas cumplir con aquello para lo cual fueron enviados. Guíate por lo que te rodea. Primero es preciso llevarlos a un nivel muy profundo... donde ya no puedan sentir el cuerpo. Allí podrás llegar a ellos. Es únicamente en la superficie... donde yacen los problemas. Muy dentro del alma, donde se crean las ideas, allí es donde hay que ir a buscarlos.

»Energía... todo es energía. Se malgasta tanta... Las montañas... Dentro de la montaña hay quietud; el centro es sereno. Pero es afuera donde está el problema. Los humanos sólo pueden ver el exterior, pero se puede ir mucho más adentro. Hay que ver el volcán. Para eso es preciso ir muy adentro.

»Estar en el estado físico es algo anormal. Cuando se está en el plano espiritual, eso nos resulta natural. Cuando se nos envía de regreso es como ser enviados otra vez a algo que no conocemos. Nos llevará más tiempo. En el mundo espiritual es preciso esperar; luego somos renovados. Hay un estado de renovación. Es una dimensión, como las otras, y tú has logrado casi llegar a ese estado...

Eso me pilló por sorpresa. ¿Cómo era posible que yo estuviera acercándome al estado de renovación?

—¿Que casi he llegado? —repetí, incrédulo.

—Sí. Sabes mucho más que los otros. Comprendes mucho más. Ten paciencia con ellos. No tienen el conocimiento que tú posees. Serán enviados espíritus en su ayuda. Pero lo que tú estás haciendo es correcto... continúa. Esta energía no debe ser malgastada. Debe liberarse del temor. Será la mayor de tus armas.

El Espíritu Maestro guardó silencio. Reflexioné sobre el significado de ese increíble mensaje. Sabía que yo estaba teniendo éxito en liberar a Catherine de sus miedos, pero ese mensaje tenía un significado más global. No se trataba de una mera confirmación de que la hipnosis era efectiva como instrumento terapéutico. Implicaba aún más que las regresiones a vidas pasadas, cosa que resultaría difícil de aplicar a la población en general, de uno en uno. No: me pareció que se refería al miedo a la muerte, el miedo muy oculto dentro del volcán. El miedo a la muerte, ese temor escondido y constante que ni el dinero o el poder pueden neutralizar: ése es el centro.

Pero si la gente supiera que «la vida es infinita; que jamás morimos; que nunca nacimos, en realidad», entonces ese miedo desaparecería. Si todos supieran que han vivido antes incontables veces y que volverán a vivir otras tantas, ¡cuánto más reconfortados se sentirían! Si supieran que hay espíritus a su alrededor, cuando se encuentran en estado físico; que después de la muerte, en estado espiritual, se reunirán con esos espíritus, incluidos los de sus muertos amados, ¡cuánto sería el consuelo! Si supieran que los «ángeles de la guarda» existen, en realidad, ¡cuánto más seguros se sentirían! Si supieran que los actos de violencia y de injusticia no pasan desapercibidos, sino que deben ser pagados con la misma moneda en otras vidas, ¡cuánto menor sería el deseo de venganza! Y si de verdad «por el conocimiento nos aproximamos a Dios», ¿de qué sirven las posesiones materiales y el poder, cuando son un fin en sí y no un medio para ese acercamiento? La codicia y el ansia de poder no tienen ningún valor.

Pero ¿cómo llegar a la gente con ese conocimiento? Casi todos recitan plegarias en sus iglesias, en las sinagogas, mezquitas o templos, plegarias que proclaman la inmortalidad del alma. Sin embargo, terminados los ritos del culto vuelven a sus caminos competitivos, a practicar la codicia, la manipulación y el egocentrismo. Estos rasgos retrasan el progreso del alma. Por lo tanto, si la fe no basta, quizá la ciencia ayude. Tal vez experiencias como la de Catherine conmigo deban ser estudiadas, analizadas y descritas de manera objetiva y científica por personas preparadas en ciencias físicas y conductistas. Sin embargo, por entonces nada estaba tan lejos de mi mente como la idea de redactar un artículo científico o un libro, posibilidad remota y muy improbable. Pensé en los espíritus que serían enviados para ayudarme. ¿Ayudarme a qué?

Catherine se movió y empezó a susurrar.

—Alguien llamado Gideon, alguien llamado Gideon... Gideon. Trata de hablar conmigo.

—¿Qué dice?

—Está por todo por todas partes. No se detiene. Es una especie de ángel custodio... algo así. Pero ahora está jugando conmigo.

—¿Es uno de tus ángeles de la guarda?

—Sí, pero está jugando... se limita a saltar a mi alrededor. Creo que quiere darme a entender que está a mi alrededor... por todas partes.

—¿Gideon? —repetí.

—Aquí está.

—¿Y te hace sentir más segura?

—Sí. Volverá cuando yo lo necesite.

—Bien. ¿Hay espíritus alrededor de nosotros?

Respondió con un susurro, desde la perspectiva de su mente supraconsciente.

—Oh, sí... muchos espíritus. Sólo vienen cuando así lo desean. Vienen... cuando lo desean. Todos somos espíritus. Pero otros... algunos se encuentran en estado físico; otros, en un período de renovación. Y otros son guardianes. Pero todos vamos allá. Nosotros también hemos sido guardianes.

—¿Por qué volvemos para aprender? ¿Por qué no aprendemos como espíritus?

—Son diferentes niveles de aprendizaje; algunos

tienen que aprenderse en la carne. Tenemos que sentir el dolor. Cuando se es espíritu no se experimenta dolor. Es un período de renovación. El alma se renueva. Cuando se está en la carne se puede sentir el dolor, se sufre. En forma espiritual no se siente. Sólo hay felicidad, una sensación de bienestar. Pero es un período de renovación para... nosotros. La interacción entre las personas, en forma espiritual, es diferente. Cuando se está en el estado físico... se pueden experimentar las relaciones.

—Comprendo. Todo saldrá bien.

Ella había vuelto a quedar en silencio. Pasaron algunos minutos.

—Veo un coche —comenzó—, un coche azul.

—¿Un cochecito de bebé?

—No, un carruaje... ¡Algo azul! Una orla azul arriba, azul por fuera...

—¿Es un carruaje tirado por caballos?

—Tiene ruedas grandes. No veo a nadie en él; sólo dos caballos enganchados... uno gris y otro castaño. El caballo se llama Manzana, el gris, porque le gustan las manzanas. El otro es Duque. Son muy buenos. No muerden. Tienen patas grandes... patas grandes.

—¿Hay también un caballo malo? ¿Un caballo distinto?

—No, son muy buenos.

—¿Tú estás ahí?

—Sí. Le veo el hocico. Es mucho más grande que yo.

—¿Estás en el carruaje? —Por la naturaleza de sus respuestas yo había comprendido que ella era una criatura.

—Hay caballos. También hay un niño.

—¿Qué edad tienes?

—Soy muy pequeña. No sé. Creo que no sé contar.

—¿Conoces al niño? ¿Es tu amigo, tu hermano?

—Es un vecino. Ha venido a... una fiesta. Hay... una boda o algo así.

—¿Sabes quién se casa?

—No. Nos dijeron que no nos ensuciáramos. Tengo pelo castaño... y zapatos que se abotonan por un lado, hasta arriba.

—¿Son tus ropas de fiesta? ¿Ropas finas?

—Es blanco... una especie de vestido blanco con un... con algo lleno de volantes y se ata por atrás.

—Tu casa ¿está cerca?

—Es una casa grande —respondió la niña.

—¿Es ahí donde vives?

—Sí.

—Bien. Ahora puedes mirar dentro de la casa; es correcto. Se trata de un día importante. Habrá gente bien vestida, con ropa especial.

—Están preparando comida, muchísima comida.

—¿La hueles?

—Sí. Están haciendo una especie de pan. Pan... carne... Nos dicen que volvamos a salir.

Eso me divirtió. Yo le había dicho que podía entrar sin problemas y alguien le ordenaba que volviera a salir.

—¿Te llaman por tu nombre?

—Mandy... Mandy y Edward.

—¿Edward es el niño?

—Sí.

—¿Y no os dejan entrar en la casa?

—No. Están muy ocupados.

—¿Y qué pensáis al respecto?

—No nos importa. Pero lo difícil es no ensuciarse. No podemos hacer nada.

—¿Vas a la boda? ¿Más tarde?

—Sí... veo a mucha gente. El salón está atestado. Hace calor, mucho calor. Allí hay un párroco; ha venido el párroco... con un sombrero raro... grande... negro. Le sobresale mucho sobre la cara... mucho.

—¿Es un momento feliz para tu familia?

—Sí.

—¿Sabes quién se casa?

—Mi hermana.

—¿Es mucho mayor que tú?

—Sí.

—¿La ves ahora? ¿Tiene puesto el vestido de novia?

—Sí.

—¿Y es bonita?

—Sí, muy bonita. Lleva muchas flores alrededor del pelo.

—Mírala bien. ¿La conoces de algún otro lugar? Mírale los ojos, la boca...

—Sí. Creo que es Becky... pero más pequeña, mucho más pequeña...

Becky era amiga y compañera de trabajo de Catherine. Aunque íntimas, a Catherine le molestaba la actitud crítica de Becky y el hecho de que se entrometiera en su vida y en sus decisiones. Después de todo, eran amigas y no parientes. Pero tal vez la diferencia ya no estuviera tan clara.

—Me... me tiene cariño... y por eso puedo estar bastante cerca de ella en la ceremonia.

—Bien. Mira a tu alrededor. ¿Están ahí tus padres?

—Sí.

—¿Ellos también te tienen cariño?

—Sí.

—Qué bien. Míralos bien. Primero, a tu madre. Tal vez la recuerdes. Mírale la cara.

Catherine inspiró muy profundamente varias veces.

—No la conozco.

—Mira a tu padre. Obsérvalo bien. Su expresión, sus ojos... también la boca. ¿Lo conoces?

—Es Stuart —respondió de inmediato.

Conque Stuart acababa de aparecer, una vez más. Eso valía la pena examinarlo mejor.

—¿Qué relaciones tienes con él?

—Lo quiero mucho... me trata muy bien. Pero opina que soy un fastidio. Piensa que los niños son un fastidio.

—¿Es demasiado serio?

—No; le gusta jugar con nosotros. Pero hacemos demasiadas preguntas. Pero es muy bueno con nosotros, salvo cuando hacemos demasiadas preguntas.

—¿Eso lo enfada algunas veces?

—Sí. Debemos aprender del maestro, no de él. Para eso vamos a la escuela: para aprender.

—Esas palabras parecen de él. ¿Te dice él eso?

—Sí, tiene cosas más importantes que hacer. Tiene que administrar la finca.

—¿Es una finca grande?

—Sí.

—¿Sabes dónde está?

—No.

—¿Nunca mencionan la ciudad o el estado? ¿El nombre de la ciudad?

Ella hizo una pausa para escuchar con atención.

—No oigo eso.

Y volvió a guardar silencio.

—Bien, ¿quieres explorar más en esta vida? ¿Adelantarte en el tiempo? ¿O con esto...?

Me interrumpió:

—Basta.

Durante todo este proceso con Catherine, yo me había mostrado reacio a analizar sus revelaciones con otros profesionales. En realidad, exceptuando a Carole y a otros pocos con quienes me sentía «a salvo», no había compartido esta notable información con nadie. Sabía que el conocimiento proveniente de nuestras sesiones era verdadero y muy importante, pero me preocupaban las posibles reacciones de mis colegas profesionales y científicos; por eso guardaba silencio.

Aún me preocupaba por mi reputación, mi carrera y la opinión ajena.

Mi escepticismo personal se había ido mermando con las pruebas que recibía de labios de Catherine, semana tras semana. Con frecuencia volvía a escuchar las grabaciones y a experimentar nuevamente las sesiones, con todo su dramatismo y su fuerza directa. Pero los otros tendrían que confiar en mis experiencias; aunque intensas no serían con todo las suyas. Me sentía obligado a reunir aún más datos.

A medida que gradualmente aceptaba y daba crédito a los mensajes, mi vida se iba volviendo más simple y satisfactoria. Ya no había necesidad de fingir, desempeñar papeles ni ser otra cosa que yo mismo. Las relaciones se tornaron más francas y directas. La vida familiar era menos confusa, más descansada. La renuencia a compartir la sabiduría que me había sido dada a través de Catherine iba disminuyendo. Me sorprendió descubrir que casi todo el mundo se mostraba muy interesado y quería saber más. Muchos me hablaron de sus privadísimas experiencias de hechos parapsíquicos, ya fueran percepciones extrasensoriales, cosas vividas anteriormente, abandonos del cuerpo, sueños de vidas anteriores u otras cosas. Muchos no se habían atrevido a revelar esas experiencias ni a sus mismos cónyuges. Imperaba un miedo casi uniforme a que, al compartir sus experiencias, los otros los consideraran extraños, aun sus propios familiares.

Sin embargo, esos sucesos parapsíquicos son bastante comunes, más frecuentes de lo que la gente cree. Es sólo la renuencia a revelar los fenómenos psíquicos a otros lo que les hace parecer raros. Y los más instruidos son los más renuentes a compartirlos.

El respetado presidente de un gran departamento clínico de mi hospital cuenta con la admiración internacional por su experiencia; él habla con su padre fallecido, que varias veces lo ha protegido de peligros graves. Otro profesor tiene sueños que le proporcionan los pasos que faltan o las soluciones para sus complejos experimentos de investigación; los sueños nunca se equivocan. Otro doctor, muy conocido, suele saber quién lo llama por teléfono antes de levantar el auricular. La esposa del presidente de psiquiatría de una universidad del Medio Oeste es doctora en psicología; sus proyectos de investigación están siempre cuidadosamente planeados y ejecutados; nunca ha revelado a nadie que, cuando visitó Roma por primera vez, caminaba por la ciudad como si tuviera un mapa impreso en la memoria. Sabía, sin un fallo, lo que había a la vuelta de cada esquina. Aunque nunca había estado en Italia ni conocía el idioma, los italianos se dirigían a ella invariablemente en el idioma del país, confundiéndola con una compatriota. Su mente luchaba por asimilar esas experiencias vividas en Roma.

Comprendí por qué esos profesionales, tan bien preparados, mantenían sus experiencias en secreto. Yo era uno de ellos. No podíamos rechazar nuestras propias experiencias, los datos de nuestros sentidos. Sin embargo, nuestros estudios se oponían diametralmente, en muchos aspectos, a la información, las experiencias y las creencias que habíamos acumulado. Por eso guardábamos silencio.

10

Las semanas pasaron rápidamente. Yo había escuchado una y otra vez la grabación de la última entrevista. ¿De qué modo me aproximaba al estado de renovación? No me sentía especialmente iluminado. Y ahora vendrían espíritus a ayudarme. Pero ¿qué debía hacer yo?, ¿cuándo lo sabría?, ¿estaría en condiciones de ejecutar la tarea? Sabía que era preciso esperar con paciencia. Recordaba las palabras del Maestro poeta.

«Paciencia y tiempo... todo llega a su debido tiempo. Todo te será claro a su debido tiempo. Pero necesitas una oportunidad para digerir el conocimiento que ya te hemos dado.» Por lo tanto, esperaría.

Al comenzar esa sesión, Catherine relató un fragmento de cierto sueño que había tenido varias noches antes. En el sueño vivía en la casa de sus padres; durante la noche se había declarado un incendio. Ella dominaba la situación y ayudaba a evacuar la casa, pero su padre perdía el tiempo, al parecer indiferente a la urgencia de la situación. Ella lo hizo salir de prisa. Entonces el padre recordó que había dejado algo en la casa e hizo que Catherine volviera al atroz incendio para recuperar ese objeto. Ella no recordaba qué era. Decidí no interpretar aún el sueño; esperaríamos para ver si surgía la oportunidad mientras ella estuviera hipnotizada.

Entró rápidamente en un profundo trance hipnótico.

—Veo una mujer, con una capucha sobre la cabeza; no le cubre la cara, sólo el pelo.

Luego guardó silencio.

—¿Sigues viendo eso? ¿La capucha?

—La he perdido. Veo una tela negra, una especie de brocado, con dibujos dorados... Veo un edificio con algún tipo de puntos estructurales... blancos.

—¿Reconoces el edificio?

—No.

—¿Es grande?

—No. En el fondo hay una montaña, con un poco de nieve en la cima. Pero en el valle la hierba es verde... allí donde estamos.

—¿Puedes entrar en el edificio?

—Sí. Está hecho de cierta clase de mármol... muy frío al tacto.

—¿Es un templo, un edificio religioso?

—No sé. Me ha parecido que podía ser una prisión.

—¿Una prisión? —repetí—. ¿Hay personas en el edificio? ¿A su alrededor?

—Sí, algunos soldados. Llevan uniformes negros, negros con charreteras doradas... y borlas doradas que cuelgan. Cascos negros, con algo dorado... algo puntiagudo y dorado arriba... del casco. Y un fajín rojo, un fajín rojo alrededor de la cintura.

—¿Hay soldados a tu alrededor?

—Dos o tres, quizá.

—¿Estás tú ahí?

—Estoy en alguna parte, pero no en el edificio. Pero estoy cerca.

—Mira a tu alrededor. Trata de hallarte. Ahí están las montañas, la hierba... y el edificio blanco. ¿Hay además algún otro edificio?

—Si hay otros edificios, no están cerca de éste. Veo uno... aislado, con una especie de muralla construida detrás... una muralla.

—¿Crees que se trata de una fortaleza, una prisión o algo parecido?

—Podría ser, pero... está muy aislado.

—¿Por qué te parece importante? (Larga pausa.) ¿Conoces el nombre de la ciudad o del país donde estás? ¿Donde están los soldados?

—Veo constantemente «Ucrania».

—¿Ucrania? —repetí, fascinado por la diversidad de sus vidas—. ¿No ves el año? ¿No te viene eso a la mente? ¿O la época?

—Mil setecientos diecisiete —respondió ella vacilante. Luego se corrigió—: 1758... 58. Hay muchos soldados. No sé qué propósito llevan. Con largas espadas que se curvan.

—¿Qué más puedes ver u oír? —pregunté.

—Veo una fuente, una fuente en donde abrevan los caballos.

—Los soldados ¿van a caballo?

—Sí.

—¿Se los conoce por algún otro nombre? ¿Se dan a sí mismos algún título especial?

Ella escuchó.

—No oigo nada de eso.

—¿Estás tú entre ellos?

—No. —Sus respuestas eran otra vez las de una criatura: breves, con frecuencia monosilábicas. Eso me exigía interrogarla de modo activo.

—Pero ¿los ves a poca distancia?

—Sí.

—¿Estás en la ciudad?

—Sí.

—¿Vives allí?

—Eso creo.

—Bien. Trata de hallarte, de descubrir dónde vives.

—Veo ropas muy andrajosas. Veo sólo una criatura, un niño. Sus ropas están harapientas. Tiene frío...

—¿Su hogar está en la ciudad?

Hubo una larga pausa.

—No veo eso —continuó Catherine. Parecía tener cierta dificultad para conectar con esa vida. Se mostraba algo vaga en sus respuestas, algo insegura.

—Bien. ¿Sabes el nombre del niño?

—No.

—¿Qué le ocurre al niño? Ve con él y observa qué ocurre.

—Un conocido suyo está prisionero.

—¿Un amigo, un pariente?

—Creo que es su padre.

Las respuestas seguían siendo breves.

—¿Eres tú el niño?

—No estoy segura.

—¿Sabes qué siente él por el hecho de que su padre esté en prisión?

—Sí... tiene mucho miedo, miedo de que lo maten.

—¿Qué ha hecho su padre?

—Ha robado algo a los soldados, algunos papeles, algo así.

—¿El niño no comprende del todo?

—No. Tal vez nunca vuelva a ver a su padre.

—¿Puede ver a su padre, siquiera?

—No.

—¿Se sabe cuánto tiempo estará el padre en la cárcel? ¿O si sobrevivirá?

—¡No! —respondió Catherine.

Le temblaba la voz. Estaba muy alterada, muy triste. No estaba proporcionando muchos detalles, pero la agitaban visiblemente los hechos que presenciaba y experimentaba.

—Tú puedes sentir lo que siente el niño —proseguí—, ese miedo, esa ansiedad. ¿Los sientes?

—Sí.

Una vez más guardó silencio.

—¿Qué ocurre? Ahora adelántate en el tiempo. Sé que es difícil, pero adelántate. Algo ocurre.

—Su padre es ejecutado.

—¿Qué siente el niño ahora?

—Fue por algo que él nunca hizo. Pero se ejecuta a la gente sin motivo alguno.

—El niño ha de estar muy afligido por esto.

—No creo que comprenda del todo... lo que ha pasado.

—¿Tiene otras personas a quienes recurrir?

—Sí, pero su vida será muy dura.

—¿Qué es del niño?

—No sé. Probablemente muera.

Se la oía muy triste. Quedó en silencio otra vez; luego pareció mirar a su alrededor.

—¿Qué ves, Catherine?

—Veo una mano... una mano que se cierra en torno de algo... blanco. No sé qué es...

Guardó silencio otra vez. Pasaron algunos minutos.

—¿Qué más ves? —pregunté.

—Nada... oscuridad.

Había muerto o, de algún modo, se había desconectado del niño triste que vivió en Ucrania, más de doscientos años antes.

—¿Has abandonado al niño?

—Sí —susurró ella. Estaba descansando.

—¿Qué aprendiste en esa vida? ¿Por qué fue importante?

—No se puede juzgar apresuradamente a nadie. Es preciso ser justo. Muchas vidas se han arruinado por juzgar apresuradamente.

—La vida del niño fue breve y dura por ese juicio... contra su padre.

—Sí. —Calló otra vez.

—¿Ves algo ahora? ¿Oyes algo?

—No.

Una vez más se hizo el silencio tras esa breve respuesta. Por alguna razón, esa corta vida había sido especialmente horrible. Le di indicaciones de descansar.

—Descansa. Siéntete en paz. Tu cuerpo se está curando; tu alma ahora descansa. ¿Te sientes mejor? ¿Descansada? Fue difícil para el niño, muy difícil. Pero ahora descansas otra vez. La mente puede llevarte a muchos otros sitios, a otros tiempos... a otros recuerdos. ¿Estás descansando?

—Sí.

Decidí analizar el fragmento de sueño con respecto a la casa incendiada, la despreocupada actitud de su padre y el hecho de que la enviara nuevamente a la conflagración en busca de alguna pertenencia suya.

—Ahora quiero hacerte una pregunta sobre el sueño que has tenido... con respecto a tu padre. Ya puedes recordarlo; no hay peligro. Estás en trance profundo. ¿Lo recuerdas?

—Sí.

—Tú entraste en la casa en busca de algo. ¿Recuerdas eso?

—Sí..., era una caja de metal.

—¿Qué contenía que él deseara tanto como para hacerte volver a una casa en llamas?

—Sus sellos y las monedas... que colecciona —respondió.

Su detallada rememoración del sueño bajo hipnosis contrastaba significativamente con la somera descripción en estado consciente. La hipnosis es un instrumento poderoso, no sólo para proporcionar acceso a las zonas más remotas y ocultas de la mente, sino también para permitir una memoria mucho más detallada.

—Esos sellos y esas monedas ¿eran muy importantes para él?

—Sí.

—Pero hacer que tú arriesgaras la vida volviendo a una casa incendiada sólo por unos sellos y monedas...

Ella me interrumpió.

—Él no creía que hubiera riesgo.

—¿Le parecía que no corrías peligro?

—Sí.

—En ese caso, ¿por qué no volvió él en vez de enviarte a ti?

—Porque pensó que yo podía ir más deprisa.

—Comprendo. Pero ¿para ti había riesgo?

—Sí, pero él no se dio cuenta.

—¿Había algún otro significado para ti en ese sueño? ¿Con respecto a tu relación con tu padre?

—No sé.

—Él no parecía darse mucha prisa por salir de la casa en llamas.

—No.

—¿Por qué se tomaba tanto tiempo? Tú actuaste con rapidez; comprendiste el peligro.

—Porque él trata de esconderse de las cosas.

Aproveché ese momento para interpretar parte del sueño.

—Sí, es un viejo patrón de conducta en él, y tú haces cosas que corresponderían a tu padre, como ir en busca de la caja. Espero que él sepa aprender de ti.

Tengo la sensación de que ese incendio representa el tiempo que se acaba; tú comprendes el peligro, pero él no. Mientras él holgazanea y te envía a ti en busca de objetos materiales, tú sabes mucho más... y tienes mucho que enseñarle, pero tu padre no parece dispuesto a aprender.

—No —asintió ella—, en efecto.

—Así entiendo yo el sueño. Pero tú no puedes obligarlo. Sólo él puede comprender eso.

—Sí —asintió otra vez. Su voz se hizo grave y ronca—. No importa que nuestro cuerpo arda en el fuego si no lo necesitamos...

Un Espíritu Maestro acababa de presentar un enfoque del sueño completamente distinto. Me sorprendió esa entrada brusca; no pude hacer otra cosa que repetir el pensamiento como un loro:

—¿No necesitamos el cuerpo?

—No. Mientras estamos aquí pasamos por muchas etapas. Nos deshacemos de un cuerpo de bebé para adoptar el de un niño; descartamos el de niño para ser adultos, y el de adultos por el de ancianos. ¿Por qué no dar un paso más y descartar el cuerpo adulto para ir a un plano espiritual? Eso es lo que hacemos. No dejamos de crecer: continuamos creciendo. Cuando llegamos al plano espiritual, continuamos creciendo también allí. Pasamos por diferentes etapas de desarrollo. Cuando llegamos, estamos consumidos. Es preciso pasar por una etapa de renovación, una etapa de aprendizaje y una etapa de decisión. Nosotros decidimos cuándo queremos regresar, adónde y por qué motivos. Algunos prefieren no volver. Prefieren pasar a otra etapa de desarrollo. Y mantienen la forma espiritual... algunos por más tiempo que otros, antes de volver. Todo es crecimiento y aprendizaje... crecimiento continuo. Nuestro cuerpo es sólo un vehículo para que utilicemos mientras estamos aquí. Son nuestra alma y nuestro espíritu los que perduran por siempre.

No reconocí la voz ni el estilo. Quien hablaba era un Maestro «nuevo», y hablaba de conocimientos importantes. Quise saber más de esos reinos espirituales.

—En el estado físico ¿se aprende con más rapidez? ¿Hay motivos por los que no todos permanecen en el estado espiritual?

—No. El aprendizaje es mucho más veloz en el estado espiritual, sobradamente más rápido que el del estado físico. Pero elegimos lo que necesitamos aprender. Si necesitamos regresar para elaborar una relación, regresamos. Si hemos terminado con eso, proseguimos. En la forma espiritual uno siempre puede ponerse en contacto con quienes están en la carne, si así lo desea. Pero sólo si hay allí algo de importancia... si debe decirles algo que necesitan saber.

—¿Cómo se establece el contacto? ¿Cómo se transmite el mensaje?

Para sorpresa mía, fue Catherine quien respondió. Su susurro fue más rápido y firme.

—A veces uno puede presentarse ante esa persona... con el mismo aspecto que cuando estaba aquí. Otras veces se hace sólo un contacto mental. A veces los mensajes son crípticos, pero con mayor frecuencia la persona sabe a qué se refieren. Comprende. Es un contacto de mente a mente.

Me dirigí a Catherine.

—El conocimiento que tienes ahora, esta información, esta sabiduría, que es tan importante, ¿por qué no te es accesible cuando estás en el plano físico y consciente?

—Creo que yo no lo comprendería. No soy capaz de comprenderlo.

—Tal vez yo pueda enseñarte a comprenderlo, para que no te asuste, para que aprendas.

—Sí.

—Cuando oyes las voces de los Maestros, ellos dicen cosas similares a las que tú me estás diciendo ahora. Has de compartir una gran cantidad de informaciones.

Me intrigaba la sabiduría que Catherine poseía cuando se encontraba en ese estado.

—Sí —respondió, simplemente.

—¿Y proviene de tu propia mente?

—Pero ellos lo han puesto ahí. —De ese modo hacía que el mérito recayera en los Maestros.

—Sí —reconocí—. ¿Cómo puedo comunicártelo mejor a mi vez, para que tú crezcas y pierdas tus miedos?

—Ya lo has hecho —respondió, suave.

Tenía razón; sus miedos habían desaparecido, prácticamente. Una vez iniciadas las regresiones hipnóticas, el progreso clínico había sido increíblemente rápido.

—¿Qué lecciones necesitas aprender ahora? ¿Qué

es lo más importante que puedes aprender durante esta vida, para que puedas seguir creciendo y madurando?

—A confiar —respondió con prontitud. Sabía cuál era su principal tarea.

—¿A confiar? —repetí, sorprendido por la rapidez de la réplica.

—Sí. Debo aprender a tener fe, pero también a confiar en la gente. No lo hago. Creo que todo el mundo trata de hacerme daño. Eso me induce a mantenerme apartada de personas y situaciones con las que, probablemente, no debería mantener distancia. Me lleva a seguir tratando con otras personas de las que debería separarme.

Cuando estaba en ese plano supraconsciente, su penetración psicológica era tremenda. Conocía sus puntos débiles y sus puntos fuertes. Sabía qué aspectos necesitaban de atención y trabajo, qué hacer para mejorar las situaciones. El único problema consistía en que esas nociones tenían que llegar a su mente consciente, para que las aplicara cuando estuviera despierta. La penetración supraconsciente era fascinante, pero en sí no bastaba para transformar su vida.

—¿Quiénes son esas personas de las que deberías separarte? —pregunté.

Ella hizo una pausa.

—Becky me da miedo. Stuart me da miedo... Temo que algún daño me llegue... de ellos.

—¿Puedes romper con eso?

—No del todo, pero sí con algunas de sus ideas. Stuart trata de mantenerme en una prisión y lo está logrando. Sabe que tengo miedo. Sabe que me asusta estar lejos de él y utiliza ese conocimiento para mantenerme a su lado.

—¿Y Becky?

—Se pasa el tiempo tratando de socavar mi fe en las personas en quienes confío. Donde yo veo el bien, ella ve el mal. Y trata de sembrar esas semillas en mi mente. Estoy aprendiendo a confiar... en personas en las que debo confiar, pero Becky me llena de dudas con respecto a ellas. Y ése es su problema. No puedo permitir que me haga pensar como ella.

En su estado supraconsciente, Catherine podía señalar grandes fallos de carácter, tanto en Becky como en Stuart. Catherine, hipnotizada, habría sido una excelente psiquiatra, empática e infaliblemente intuitiva. Despierta no poseía esos atributos. Mi misión consistía en franquear el abismo. Su mejoría clínica, tan espectacular, significaba que algo de todo eso se estaba filtrando. Intenté construir más puentes.

—¿En quién puedes confiar? —pregunté—. Piénsalo. ¿Quiénes son las personas que merecen tu confianza, de las que puedes aprender, a las que puedes acercarte? ¿Quiénes son?

—Puedo confiar en ti —susurró.

Yo lo sabía, pero comprendí que necesitaba más aún confiar en personas que formaran parte de su vida cotidiana.

—Puedes, sí. Tienes una buena relación conmigo, pero tienes que acercarte a otras personas de tu vida, a otros que puedan dedicarte más tiempo que yo.

Yo quería que fuera independiente, una persona cabal, en vez de depender de mí.

—Puedo confiar en mi hermana. A los otros no los conozco. En Stuart puedo confiar, pero sólo hasta cierto punto. Me quiere, pero está confundido. Y en su confusión me hace daño sin darse cuenta.

—Sí, es cierto. ¿Hay algún otro hombre en el que puedas confiar?

—Puedo confiar en Robert —respondió. Era otro médico del hospital con el que mantenía una buena amistad.

—Sí. Tal vez conozcas a otros... en el futuro.

—Sí —reconoció.

La idea de un conocimiento futuro resultaba intrigante y me distrajo. Catherine hablaba con mucha precisión sobre el pasado. Por medio de los Maestros, conocía hechos específicos y secretos. ¿Podría acaso conocer hechos del futuro? En ese caso, ¿podríamos compartir esa precognición? En la mente me estallaban mil preguntas.

—Cuando estableces contacto con tu mente supraconsciente, como ahora, y posees esa sabiduría, ¿adquieres también poderes en el reino psíquico? ¿Te es posible mirar hacia el futuro? En el pasado has logrado mucho.

—Es posible —reconoció—, pero ahora no veo nada.

—¿Es posible? —repetí.

—Eso creo.

—¿Puedes hacerlo sin asustarte? ¿Puedes ir hacia el futuro y obtener información de tipo neutro, que no te asuste? ¿Puedes ver el futuro?

Su respuesta fue pronta.

—No veo eso. Ellos no lo permiten.

Comprendí que se refería a los Maestros.

—¿Están ahora a tu alrededor?

—Sí.

—¿Te hablan?

—No. Lo controlan todo.

Puesto que la controlaban, no le permitían mirar el futuro. Tal vez no teníamos nada que ganar, en lo personal, con un vistazo semejante. Tal vez la aventura hubiera puesto muy ansiosa a Catherine. Tal vez no estábamos aún preparados para soportar esa información. No insistí.

—Gideon, el espíritu que estuvo antes a tu alrededor...

—Sí.

—¿Qué necesita él? ¿Por qué está cerca? ¿Lo conoces?

—No, no creo.

—Pero ¿te protege del peligro?

—Sí.

—Los Maestros...

—No los veo.

—A veces tienen mensajes que darme, mensajes que nos ayudan a los dos. Esos mensajes, ¿son accesibles para ti aun cuando ellos no hablen? ¿Ponen ellos ideas en tu mente, Catherine?

—Sí.

—¿Controlan hasta dónde puedes llegar y qué puedes recordar?

—Sí.

—Por lo tanto, hay una finalidad en esta explicación de vidas pasadas...

—Sí.

—Para ti y para mí... para enseñarnos. Para conseguir que en nosotros desaparezca el miedo.

—Hay muchas maneras de comunicación. Ellos eligen muchas... para demostrar que existen.

Si Catherine estaba escuchando sus voces, visualizando imágenes y escenas del pasado, experimentando fenómenos físicos o recibiendo en la mente ideas y pensamientos, la finalidad era la misma: demostrarnos que ellos existen y, todavía más allá, ayudarnos, apoyarnos en nuestro sendero al proporcionar esclarecimiento y sabiduría, ayudarnos a ser como dioses.

—¿Sabes por qué te han elegido?

—No.

—¿Para que actúes como canal?

La pregunta era delicada, puesto que Catherine, despierta, no podía siquiera escuchar las grabaciones.

—No —susurró, suave.

—¿Te asusta eso?

—A veces.

—¿Y otras veces no?

—Así es.

—Esto puede ser reconfortante —agregué—. Ahora sabemos que somos eternos; por lo tanto, perdemos el miedo a la muerte.

—Sí —reconoció ella. Hizo una pausa—. Debo aprender a confiar. —Había vuelto a la gran lección de su vida—. Cuando se me dice algo, debo aprender a confiar en lo que se me dice... cuando esa persona sabe.

—Hay, es cierto, gente en la que no se debe confiar —añadí.

—Sí, pero estoy confundida. Y cuando sé que debería confiar en una persona, lucho contra esa sensación. Y no quiero confiar en nadie.

Guardó silencio; una vez más, yo admiraba su penetración psicológica.

—La última vez hablamos de ti cuando niña, en un jardín donde había caballos. ¿Recuerdas? ¿La boda de tu hermana?

—Un poquito.

—¿Había algo más que aprender de ese tiempo? ¿Lo sabes?

—Sí.

—¿Valdría la pena que volviéramos allá para explorar?

—Ahora no volverá. Hay muchas cosas en una vida... hay mucho conocimiento que alcanzar... de cada vida. Sí, debemos explorar, pero ahora no volverá.

Por lo tanto, la llevé otra vez a su problemática relación con el padre.

—Tu relación con tu padre es otro aspecto que te ha afectado profundamente en esta vida.

—Sí —respondió con simplicidad.

—Es otra área que aún nos queda por explorar. Tienes mucho que aprender de esa relación. Compárala con el niño de Ucrania que perdió a su padre a edad temprana. En esta vida no has sufrido esa pérdida. Sin embargo, tener a tu padre aquí, aunque ciertos padecimientos han sido menores...

—Ha sido una carga mayor —concluyó ella—. Pensamientos —añadió luego—, pensamientos...

—¿Qué pensamientos? —Percibí que estaba en otro terreno.

—Sobre la anestesia. Cuando nos anestesian ¿podemos oír? ¡*Todavía* se puede oír!

Había respondido a su propia pregunta. Comenzó a susurrar con rapidez, excitada.

—La mente está muy consciente de lo que pasa. Hablaban de mi asfixia, de la posibilidad de que yo me asfixiara cuando me operaran de la garganta.

Recordé la operación quirúrgica de cuerdas vocales de Catherine, pocos meses antes de su primera sesión conmigo. Si antes de la operación ya estaba ansiosa, al despertar en la sala de recuperación se encontraba absolutamente aterrorizada. El personal tardó horas en lograr calmarla. Al parecer, lo que los cirujanos habían dicho durante la operación, mientras ella estaba profundamente anestesiada, era lo que la había aterrorizado. Mi mente volvió a la escuela de medicina y a mis prácticas de cirugía. Recordé las conversaciones desenvueltas que uno sostenía durante las operaciones, ante el paciente anestesiado. Recordé los chistes, las maldiciones, las discusiones y los berrinches temperamentales de los cirujanos. ¿Qué oían los pacientes, en el plano subconsciente? ¿Cuánto registraban que pudiera afectar a sus ideas y emociones, temores y ansiedades al despertar? El curso posoperatorio, la misma recuperación del paciente después de la intervención, ¿podía sufrir la influencia positiva o negativa de los comentarios hechos durante la anestesia? ¿Habría muerto alguien por las expectativas pesimistas oídas durante la operación? ¿Acaso algún paciente se entregaba, considerando que no tenía salvación?

—¿Recuerdas lo que decían?

—Que tenían que poner un tubo hacia abajo. Que se me podía hinchar la garganta cuando sacaran el tubo. No se imaginaban que yo los estaba oyendo.

—Pero oías.

—Sí. Por eso tuve tantos problemas.

Después de esa sesión, Catherine perdió el miedo a tragar y a asfixiarse. Así de simple resultó.

—Toda la ansiedad... —prosiguió—. Yo temía ahogarme.

—¿Te sientes liberada?

—Sí. Tú puedes neutralizar lo que ellos hicieron.

—¿Puedo?

—Sí. Lo estás haciendo... Deberían tener mucho cuidado con lo que dicen. Ahora recuerdo. Me pusieron un tubo en la garganta. Y después no pude hablar para decirles nada.

—Pero ahora estás libre... Los oíste.

—Sí, los oí hablar...

Calló uno o dos minutos; luego comenzó a girar la cabeza de un lado a otro. Parecía escuchar algo.

—Pareces estar oyendo mensajes. ¿Sabes de dónde provienen? —Yo esperaba que los Maestros aparecieran.

—Alguien me lo dijo —fue la críptica respuesta.

—¿Alguien estaba hablando contigo?

—Pero se ha ido.

Traté de hacer que volviera.

—Prueba a traer a los espíritus que tengan mensajes... para ayudarnos.

—Sólo vienen cuando así lo desean, no cuando yo decido —respondió con firmeza.

—¿Tú no tienes ningún poder sobre eso?

—No.

—Bueno —concedí—, pero el mensaje sobre la anestesia era muy importante. Ésa era la fuente de tus asfixias.

—Era importante para ti, no para mí —contestó.

La respuesta me retumbó en la mente. Ella quedaría curada de su miedo a ahogarse, pero esta revelación era, aun así, más importante para mí que para ella. Yo era quien curaba. Esa simple respuesta tenía varios planos de significado. Tuve la sensación de que, si yo llegaba a comprenderlos del todo, a comprender esas resonantes octavas de significados, avanzaría un enorme paso en la comprensión de las relaciones humanas. Tal vez la ayuda era más importante que la cura.

—¿Para que yo te ayude? —pregunté.

—Sí. Tú puedes anular lo que ellos hicieron. Has estado ya anulando lo que ellos hicieron...

Descansaba. Ambos habíamos aprendido una gran lección.

Poco después de su tercer cumpleaños, mi hija, Amy, corrió hacia mí para abrazarme las piernas. Levantó la vista, diciendo:

—Papaíto, hace cuarenta mil años que te quiero.

Miré aquella carita y me sentí muy, muy feliz.

11

Varias noches después, desperté bruscamente de un sueño profundo. Despabilado de inmediato, tuve una visión de la cara de Catherine, varias veces más grande que su tamaño normal. Parecía afligida, como si necesitara de mi ayuda. Miré el reloj: eran las 3.36 de la madrugada. No se habían producido ruidos exteriores que me despertaran. Carole dormía pacíficamente a mi lado. Descarté el incidente y volví a dormirme.

Esa misma madrugada, alrededor de las 3.30, Catherine había despertado de una pesadilla, presa del pánico. Sudaba y tenía el corazón muy acelerado. Decidió meditar para relajarse, visualizándose hipnotizada por mí en el consultorio. Imaginó mi cara, oyó mi voz y se durmió poco a poco.

Catherine se estaba volviendo cada vez más psíquica; al parecer, yo también. Oía las voces de mis antiguos profesores de psiquiatría, que hablaban de las reacciones de transferencia y contratransferencia en las relaciones terapéuticas. Transferencia es la proyección de sentimientos, ideas y deseos que el paciente hace sobre el terapeuta, quien representa a alguien de su pasado. La contratransferencia es lo inverso: las reacciones emocionales inconscientes del terapeuta ante el paciente. Pero esa comunicación de madrugada no era una cosa ni otra. Era un vínculo telepático, en una longitud de onda que superaba los canales normales. De algún modo, la hipnosis estaba abriendo ese canal. ¿O acaso los responsables de esa nueva longitud de onda eran el auditorio, un grupo diverso de espíritus, Maestros, ángeles custodios y otros?

Ya nada podía sorprenderme.

En la sesión siguiente, Catherine llegó prontamente a un profundo nivel hipnótico. Se alarmó de inmediato.

—Veo una nube grande... me ha asustado. Estaba ahí.

Respiraba aceleradamente.

—¿Aún está ahí?

—No sé. Vino y se fue enseguida... algo arriba, en una montaña.

Seguía alarmada y respirando con agitación. Temí que estuviera viendo una bomba. ¿Podría mirar hacia el futuro?

—¿Puedes ver la montaña? ¿Es una bomba?

—No lo sé.

—¿Por qué te ha asustado?

—Fue muy súbito. Estaba ahí mismo. Hay mucho humo... mucho humo. Es grande. Está a cierta distancia. Oh...

—No corres peligro, Catherine. ¿Puedes acercarte?

—¡No quiero acercarme! —respondió ásperamente.

Era muy raro que ofreciera tanta resistencia. Volví a preguntar:

—¿Por qué le tienes tanto miedo?

—Creo que es de productos químicos o algo así. Cuesta respirar cuando se está cerca.

En verdad respiraba con mucha dificultad.

—¿Es como un gas? ¿Proviene de la misma montaña... como si fuera un volcán?

—Eso creo. Es como un hongo grande. Eso parece: un hongo blanco.

—Pero ¿no es una bomba? ¿No es una bomba atómica ni nada parecido?

Hizo una pausa. Luego prosiguió.

—Es un vol... una especie de volcán o algo así, creo. Me asusta mucho. Me cuesta respirar. En el aire hay polvo. No quiero estar ahí.

Poco a poco, su respiración volvió al ritmo profundo y regular del estado hipnótico. Había abandonado esa atemorizante escena.

—¿Respiras ahora con más facilidad?

—Sí.

—Bien. ¿Qué ves ahora?

—Nada... Veo un collar, un collar en el cuello de alguien. Es azul... es de plata y tiene una piedra azul colgada, con varias más pequeñas abajo.

—¿Hay algo en la piedra azul?

—No, es translúcida. Se puede ver a través de ella.

La señora tiene el pelo negro y lleva un sombrero azul... con una pluma grande. Y el vestido es de terciopelo.

—¿Conoces a esa señora?

—No.

—¿Estás tú ahí o eres acaso la señora?

—No lo sé.

—¿Qué edad tiene?

—Algo más de cuarenta. Pero parece mayor.

—¿Está haciendo algo?

—No. Sólo está de pie junto a la mesa. En la mesa hay un frasco de perfume. Es blanco, con flores verdes. También hay un cepillo y un peine con mangos de plata.

Me impresionó su vista para los detalles.

—¿Ésa es su habitación o una tienda?

—Es su habitación. Hay una cama... con cuatro columnas. Una cama marrón. En la mesa hay una jarra.

—¿Una jarra?

—Sí. En la habitación no hay cuadros. Las cortinas son oscuras, extrañas.

—¿Hay alguien más ahí?

—No.

—¿Qué relación mantiene esta señora contigo?

—Le sirvo. —Una vez más, era criada.

—¿Hace mucho tiempo que estás con ella?

—No... sólo unos pocos meses.

—¿Te gusta a ti ese collar?

—Sí. Ella es muy elegante.

—¿Alguna vez te has puesto tú el collar?

—No.

Sus breves respuestas requerían una guía activa de mi parte para obtener información básica. Me recordaba a mi hijo preadolescente.

—¿Qué edad tienes ahora?

—Trece o catorce...

Más o menos la misma edad.

—¿Por qué te has separado de tu familia? —inquirí.

—No me he separado —me corrigió—. Pero trabajo aquí.

—Comprendo. ¿Y después de trabajar vuelves a casa de tu familia?

—Sí.

Sus respuestas dejaban poco sitio a la exploración.

—¿Vive cerca?

—Bastante cerca... Somos muy pobres. Tenemos que trabajar... como sirvientes.

—¿Cómo se llama la señora?

—Belinda.

—¿Te trata bien?

—Sí.

—Bien. ¿Trabajas mucho?

—No es muy cansado.

Entrevistar a adolescentes nunca ha sido fácil, ni siquiera en vidas pasadas. Por suerte, yo tenía bastante práctica.

—Bien. ¿Aún ves a la señora?

—No.

—¿Dónde estás tú ahora?

—En otro cuarto. Hay una mesa con algo negro

que la cubre... tiene una orla en los bordes. Huele a muchas hierbas... perfume denso.

—¿Todo eso pertenece a tu señora? ¿Usa ella mucho perfume?

—No, ese cuarto es otro. Estoy en otro cuarto.

—¿A quién pertenece?

—A una señora oscura.

—¿Oscura en qué sentido? ¿Puedes verla?

—Tiene muchas cosas que le cubren la cabeza —susurró confusamente Catherine—, muchos chales. Es vieja y arrugada.

—¿Qué relación hay entre vosotras?

—Sólo he ido a verla.

—¿Para qué?

—Por las cartas.

Supe, por intuición, que había ido a consultar con una adivina, que probablemente leía las cartas del tarot. Era un giro irónico: Catherine y yo estábamos inmersos en una increíble aventura psíquica, que abarcaba vidas y dimensiones desconocidas; sin embargo, tal vez doscientos años antes ella había visitado a una parapsicóloga para averiguar algo sobre su futuro. Yo sabía que, en su vida actual, Catherine nunca había visitado a una adivina y no tenía ningún conocimiento sobre las cartas del tarot ni la predicción del futuro: esas cosas la asustaban.

—¿Lee la suerte? —pregunté.

—Ve cosas.

—¿Tienes algo que preguntarle? ¿Qué quieres ver? ¿Qué quieres saber?

—Sobre cierto hombre... con el que podría casarme.

—¿Qué dice ella al tirarte las cartas?

—La carta con... una especie de palos. Palos y flores... pero palos, lanzas o algún tipo de línea. Hay otra carta con un cáliz, una copa... Veo una carta con un hombre o un muchacho que lleva un escudo. Ella dice que me casaré, pero no con ese hombre. No veo nada más.

—¿Ves a la señora?

—Veo algunas monedas.

—¿Aún estás con ella o se trata de otro sitio?

—Estoy con ella.

—¿Cómo son las monedas?

—Son de oro. No tienen bordes lisos, sino cuadrados. Hay una corona en una cara.

—Fíjate si las monedas tienen un año impreso. Algo que puedas leer... en letras.

—Unos números extranjeros —respondió ella—. Equis e íes.

—¿Sabes qué año es ése?

—Mil setecientos... algo. No sé.

Calló otra vez.

—¿Por qué te importa tanto esa adivina?

—No sé.

—¿Se cumple la predicción?

—... Pero ella se ha ido —susurró Catherine—. Se ha ido. No sé.

—¿Ves algo ahora?

—No.

—¿No? —Eso me sorprendió. ¿Dónde estaba?—. ¿Sabes cómo te llamas en esta vida? —pregunté, con la esperanza de recuperar el hilo de esa vida, distante un par de siglos.

—He salido de ahí.

Había abandonado la vida y descansaba. Ahora podía hacerlo por propia cuenta, sin necesidad de experimentar la muerte. Aguardamos varios minutos. Esa vida no había sido espectacular. Sólo recordaba algunos detalles descriptivos y la interesante visita a la adivina.

—¿Ves algo ahora? —pregunté otra vez.

—No —susurró ella.

—¿Estás descansando?

—Sí... joyas de diferentes colores...

—¿Joyas?

—Sí. En realidad son luces, pero parecen joyas...

—¿Qué más? —pregunté.

—Sólo... —Hizo una pausa. Luego su murmullo fue potente y firme—. Hay muchas palabras y pensamientos que vuelan por todas partes... Sobre la convivencia y la armonía... el equilibrio de las cosas.

Comprendí que los Maestros estaban cerca.

—Sí —la animé a continuar—. Quiero saber de esas cosas. ¿Puedes decirme algo?

—Por el momento son sólo palabras.

—Convivencia y armonía —le recordé.

Cuando ella respondió, fue con la voz del Maestro poeta. Me emocionó volver a tener noticias suyas.

—Sí —dijo—. Todo debe estar equilibrado. La naturaleza está equilibrada. Los animales viven en armonía. Los humanos no han aprendido a hacerlo. Continúan destruyéndose a sí mismos. No hay armonía ni concierto en lo que hacen. Es tan diferente en la naturaleza... La naturaleza está equilibrada. La naturaleza es energía y vida... y restauración. Y los humanos sólo destruyen. Destruyen la naturaleza. Destruyen a otros seres humanos. Con el correr del tiempo se destruirán a sí mismos.

La predicción resultaba amenazadora. Puesto que el mundo estaba constantemente en caos y torbellino, yo deseé que eso no ocurriera pronto.

—¿Cuándo ocurrirá? —pregunté.

—Ocurrirá antes de lo que todos piensan. La naturaleza sobrevivirá. Las plantas sobrevivirán. Pero nosotros no.

—¿Podemos hacer algo para evitar esa destrucción?

—No. Todo ha de estar equilibrado.

—¿Ocurrirá esa destrucción estando nosotros con vida? ¿Podemos evitarla?

—No ocurrirá en nuestra vida. Cuando ocurra, nosotros estaremos en otro plano, en otra dimensión, pero la veremos.

—¿No hay manera de enseñar a la humanidad? —Yo insistía en buscar una salida, alguna posibilidad de mitigar aquello.

—Se hará en otro nivel. Nosotros aprenderemos de eso.

Me volví hacia el lado positivo.

—Bien, entonces nuestras almas progresarán en diferentes lugares.

—Sí. Ya no estaremos... aquí, tal como conocemos esto. Lo veremos.

—Sí —concedí—. Siento la necesidad de enseñar a la gente, pero no sé cómo llegar a ella. ¿Hay una vía o tendrán que aprender por sí mismos?

—No se puede llegar a todo el mundo. Para evitar la destrucción es preciso llegar a todos, y no se puede. Esto no se puede detener. Aprenderán. Cuando avancen, aprenderán. Habrá paz, pero aquí no; en esta dimensión, no.

—¿Habrá paz a su debido tiempo?

—Sí, en otro nivel.

—Pero parece tan lejano... —me quejé—. La gente parece ahora tan mezquina... Codiciosa, sedienta de poder, ambiciosa. Olvida el amor, la comprensión y el conocimiento. Hay mucho que aprender.

—Sí.

—¿Puedo escribir algo que ayude a la gente? ¿Hay algún modo?

—Tú sabes cómo. No tenemos que decírtelo. No servirá de nada, pues todos llegaremos al nivel y ellos verán. Todos somos iguales. No hay nadie más grande que su prójimo. Y todo esto son sólo lecciones... y castigos.

—Sí —asentí.

La lección era profunda y necesitaba tiempo para digerirla. Catherine guardaba silencio. Esperamos: ella, descansando; yo, absorto en las dramáticas declaraciones de la hora anterior. Por fin, ella quebró el hechizo.

—Las joyas han desaparecido —susurró—. Las joyas... han desaparecido. Las luces... se han ido.

—¿También las voces? ¿Las palabras?

—Sí. No veo nada. —Hizo una pausa. Empezó a mover la cabeza de un lado a otro—. Un espíritu... está mirando.

—¿Te mira a ti?

—Sí.

—¿Reconoces a ese espíritu?

—No estoy segura... Creo que podría ser Edward.

Edward había muerto el año anterior. Era realmente ubicuo; parecía estar siempre rondándola.

—¿Cómo es ese espíritu?

—Es sólo un... sólo blanco, como luces. No tiene cara, lo que nosotros entendemos por cara, pero sé que es él.

—¿Se estaba comunicando contigo de algún otro modo?

—No. Sólo miraba.

—¿Y escuchaba lo que yo decía?

—Sí —susurró ella—. Pero ya se ha ido. Sólo quería asegurarse de que yo estuviera bien.

Pensé en la mitología popular del ángel de la guarda. Desde luego, ese espíritu amoroso que la rondaba, observándola para asegurarse de que estuviera bien, se acercaba mucho a ese angélico papel. Y Catherine ya había hablado de espíritus custodios. Me pregunté cuántos de nuestros «mitos» infantiles tenían verdaderas raíces en un pasado apenas recordado.

También me pregunté cuál era la jerarquía de los espíritus: quiénes se convertían en guardianes, quiénes en Maestros, quiénes no eran una cosa ni otra, sino que se limitaban a aprender. Debían de existir grados basados en la sabiduría y el conocimiento, con la meta suprema de ser como Dios y acercarse a él, tal vez fundiéndose con él de algún modo. Ésa era la meta que los teólogos místicos describían en términos tan extáticos desde hacía siglos. Ellos habían tenido breves visiones de tan divina unión. Aparte de experiencias personales como ésas, intermediarios tales como Catherine, con su extraordinario talento, proporcionaban la mejor visión.

Edward había desaparecido y Catherine callaba. Su rostro estaba apacible; se le veía envuelta en serenidad. ¡Qué maravilloso talento el suyo, la posibilidad de ver más allá de la vida y de la muerte, de hablar con los «dioses» y compartir su sabiduría! Estábamos comiendo del Árbol de la Ciencia, ya no prohibido. Me pregunté cuántas manzanas quedarían.

Minette, la madre de Carole, estaba muriéndose a consecuencia de un cáncer que se le había extendido desde el pecho hasta los huesos y el hígado. El proceso se prolongaba desde hacía cuatro años; ya no era posible aminorarlo mediante la quimioterapia. Minette era una mujer valiente, que soportaba estoicamente el dolor y la debilidad. Pero la enfermedad se aceleraba. Yo sabía que la muerte estaba próxima.

Simultáneamente se sucedían las sesiones con Catherine, y yo compartía con mi suegra la experiencia y sus revelaciones. Me sorprendió un poco descubrir que ella, práctica mujer de negocios, aceptara de buen grado ese conocimiento y quisiera aprender más. Le di libros para que leyera; lo hizo con avidez. Juntos, ella, Carole y yo seguimos un curso sobre la Cábala, los centenarios escritos místicos judíos. La reencarnación y los planos intermedios son principios básicos de la literatura cabalística; sin embargo, la mayor parte de los judíos modernos lo ignoran.

El espíritu de Minette se fortalecía a medida que su cuerpo empeoraba. Su miedo a la muerte era cada vez menor. Comenzaba a esperar con ansia el momento de reunirse con Ben, su amado esposo.

Creía en la inmortalidad de su alma, y eso la ayudaba a soportar el dolor. Se aferraba a la vida para esperar el nacimiento de otro nieto: el primer niño de su hija Donna. Durante uno de sus tratamientos conoció a Catherine en el hospital; sus miradas y sus palabras se unieron pacífica y ansiosamente. La sinceridad de Catherine, su franqueza, ayudaron a convencer a Minette de que la existencia de la vida más allá de la muerte era verdad.

Una semana antes de morir, Minette fue internada en la planta de oncología del hospital. Carole y yo podíamos pasar nuestro tiempo con ella, conversando sobre la vida y la muerte, sobre lo que nos esperaba más allá. Ella, dama muy digna, decidió morir en el hospital, donde las enfermeras pudieran atenderla. Donna, su esposo y su hija de seis semanas fueron a visitarla y a despedirse. Nosotros estábamos con ella casi constantemente.

La noche en que Minette moriría, a eso de las seis de la tarde, Carole y yo, que acabábamos de llegar a casa desde el hospital, experimentamos la fuerte necesidad de regresar. Las seis o siete horas siguientes estuvieron colmadas de serenidad y energía espiritual trascendente. Minette ya no sufría, aunque su respiración era trabajosa. Conversamos sobre su transición al estado intermedio, la luz intensa y la presencia espiritual. Ella repasó su vida, casi siempre en silencio, esforzándose por aceptar las partes negativas. Parecía saber que no podía entregarse mientras no hubiera completado ese proceso. Esperaba un momento muy concreto para morir, en las primeras horas de la mañana, y aguardaba ese momento con impaciencia. Minette fue la primera persona que guié de ese modo hacia la muerte y a través de ella. Se sintió fortalecida, y la experiencia alivió nuestro dolor.

Descubrí que mi capacidad de curar a mis pacientes se había acrecentado notablemente, no sólo con respecto a las fobias y ansiedades, sino sobre todo cuando se requería asesoramiento sobre la muerte y el morir o sobre el dolor de los allegados. Sabía por intuición qué estaba mal y en qué direcciones encaminar la terapia. Lograba transmitir sensaciones de paz, serenidad y esperanza. Tras la muerte de Minette buscaron mi ayuda muchos otros que estaban próximos a la muerte o que habían sobrevivido a un ser querido. Muchos de ellos no estaban preparados para saber lo de Catherine ni para leer bibliografías sobre la vida después de la muerte. Sin embargo, aun sin impartir conocimientos tan específicos, yo me sentía capaz de transmitir el mensaje. Un tono de voz, una comprensión empática del proceso, de sus miedos y sensaciones, una mirada, un contacto, una palabra: todo eso podía llegar a cierto nivel y tocar un acorde de esperanza, de espiritualidad olvidada, de humanidad compartida y aún más. En cuanto a los que estaban listos para recibir más, sugerirles lecturas y compartir con ellos las experiencias vividas junto a Catherine y otros fue como abrir una ventana a la brisa fresca. Los que estaban preparados revivían. Ganaban en esclarecimiento todavía con más rapidez.

Estoy firmemente convencido de que los terapeutas deben tener la mente abierta. Así como es necesario un trabajo más científico para documentar las experiencias de muerte y morir, como las de Catherine, también hace falta más trabajo experimental en ese aspecto. Los terapeutas deben tener en cuenta la posibilidad de una vida después de la muerte e incorporarla a su asesoramiento. No es preciso que utilicen las regresiones hipnóticas, pero sí que se mantengan abiertos, que compartan sus conocimientos con los pacientes y que no descarten las experiencias de estos últimos.

La gente está ahora abrumada por las amenazas a su mortalidad. El sida, el holocausto nuclear, el terrorismo, la enfermedad y muchas otras catástrofes penden sobre nosotros, torturándonos diariamente. Muchos adolescentes están convencidos de que no llegarán a los treinta años. Esto es increíble; refleja las tremendas tensiones de nuestra sociedad.

En el plano individual, la reacción de Minette ante los mensajes de Catherine resulta alentadora. Su espíritu se había fortalecido; tenía esperanza, pese a los intensos dolores físicos y a la decadencia de su cuerpo. Pero los mensajes están ahí para todos nosotros, no sólo para los moribundos. También hay esperanzas para nosotros. Necesitamos que otros médicos y otros científicos nos informen sobre casos como el de Catherine, que confirmen y amplíen sus mensajes. Las respuestas están ahí. Somos inmortales. Siempre estaremos juntos.

12

Habían pasado tres meses y medio desde nuestra primera sesión de hipnosis. En ese tiempo, no sólo los síntomas de Catherine habían casi desaparecido, sino que sus progresos superaban la mera curación. Estaba radiante, llena de apacible energía. Atraía a la gente. Cuando desayunaba en la cafetería del hospital, tanto hombres como mujeres corrían a reunirse con ella.

—¡Qué guapa estás! Sólo quería decirte eso —comentaban.

Ella, como un pescador, los enganchaba con un invisible sedal psíquico. Y durante años enteros había comido en la misma cafetería sin llamar la atención.

Como de costumbre, se hundió pronto en el profundo trance hipnótico, en mi consultorio en penumbra; mechones de su pelo caían sobre la familiar almohada beige.

—Veo un edificio... está hecho de piedra. Y en lo más alto hay algo puntiagudo. Es una zona muy montañosa. Hay mucha humedad... afuera hay mucha humedad. Veo una carreta. Veo una carreta que pasa por... delante del edificio. La carreta está llena de heno, paja o heno, algo para que coman los animales. Ahí hay algunos hombres. Llevan una especie de estandarte, algo que flamea en la punta de un asta. Los colores son muy intensos. Les oigo hablar de moros... moros. Y de una guerra que se está librando. Les cubre la cabeza algo que parece de metal, algo metálico... una especie de protección para la cabeza, hecha de metal. El año es 1483. Algo sobre los daneses. ¿Estamos en guerra contra los daneses? Hay alguna guerra, sí.

—¿Estás tú ahí? —pregunté.

—Eso no lo veo —me respondió con suavidad—. Veo las carretas. Tienen dos ruedas, dos ruedas y la parte trasera abierta. Son abiertas; los costados son abiertos, con una especie de tablillas de madera unidas entre sí. Veo... algo metálico que llevan alrededor del cuello... algo muy pesado, en forma de cruz. Pero las puntas se curvan, las puntas de la cruz... son redondas. Es la festividad de algún santo... veo espadas. Tienen una especie de puñal o de espada... muy pesada, con el extremo muy romo. Se están preparando para una batalla.

—Trata de encontrarte —le indiqué—. Mira a tu alrededor. Tal vez seas un soldado. Los estás viendo desde algún sitio.

—No soy un soldado. —Lo dijo con toda seguridad.

—Mira alrededor.

—He traído algunas provisiones. Es una aldea, alguna aldea.

Guardó silencio.

—¿Qué ves ahora?

—Veo un estandarte, una especie de estandarte. Es rojo y blanco... blanco, con una cruz roja.

—¿Es la enseña de tu pueblo? —le pregunté.

—Es la enseña de los soldados del rey —respondió.

—¿Y ése es tu rey?

—Sí.

—¿Conoces el nombre del rey?

—No lo oigo. No está aquí.

—¿Puedes ver qué ropa llevas puesta? Mira hacia abajo y dime qué vistes.

—Algo de cuero... una chaqueta de cuero sobre... sobre una camisa muy tosca. Una chaqueta de cuero... corta. Un calzado de piel de animal... no son zapatos; más bien, botas o mocasines. Nadie me dirige la palabra.

—Comprendo. ¿De qué color es tu pelo?

—Es claro, pero tengo muchos años y hay canas en él.

—¿Qué opinas de esta guerra?

—Se ha convertido en un modo de vivir para mí. He perdido un hijo en una escaramuza anterior.

—¿Un hijo varón?

—Sí. —Estaba triste.

—¿Quién te queda? ¿Quién sobrevive de tu familia?

—Mi esposa... y mi hija.

—¿Cómo se llamaba tu hijo?

—No veo su nombre. A él lo recuerdo. Veo a mi esposa.

Catherine había sido hombre o mujer muchas veces. En su vida actual no tenía hijos, pero en otras había procreado numerosos vástagos.

—¿Cómo es tu esposa?

—Está muy cansada, muy cansada. Es vieja. Tenemos algunas cabras.

—Tu hija ¿aún vive contigo?

—No, se casó y se fue hace algún tiempo.

—Luego tu esposa y tú estáis solos.

—Sí.

—¿Qué vida lleváis?

—Estamos cansados. Somos muy pobres. No ha sido fácil.

—No. Has perdido a tu hijo. ¿Lo echas de menos?

—Sí —respondió simplemente. Pero el dolor era palpable.

—¿Has sido agricultor? —le pregunté, cambiando de tema.

—Sí. Hay trigo... trigo o algo así.

—¿Has conocido muchas guerras en tu tierra, con muchas tragedias?

—Sí.

—Pero has llegado a viejo.

—Es que luchan lejos de la aldea, no en ella —explicó—. Tienen que viajar hacia donde se combate, cruzando muchas montañas.

—¿Conoces el nombre del país en donde vives? ¿O el de la ciudad?

—No lo veo, pero ha de tener un nombre. No lo veo.

—¿Es éste un tiempo muy religioso para ti? Ves cruces en los soldados.

—Para otros, sí. Para mí, no.

—¿Sobrevive alguien del resto de tu familia, además de tu esposa y tu hija?

—No.

—¿Tus padres han muerto?

—Sí.

—¿Tus hermanos?

—Tengo una hermana. Vive aún. Pero no la conozco —agregó, refiriéndose a su vida bajo el nombre de Catherine.

—Bien. Trata de reconocer a alguien de la aldea o de tu familia.

Si verdaderamente las personas se reencarnaban en grupos, era probable que encontrara a alguien que también tuviera importancia en su vida actual.

—Veo una mesa de piedra... Veo cuencos.

—¿Es ésa tu casa?

—Sí. Algo hecho de... algo amarillo, hecho de maíz... o algo... amarillo. Eso comemos.

—Bien —añadí, tratando de acelerar el paso—. Esta vida ha sido muy dura para ti, muy difícil. ¿En qué piensas?

—En caballos —susurró.

—¿Posees caballos? ¿O son de otra persona?

—No, de los soldados... de algunos. En general, van a pie. Pero no son caballos; son asnos, algún animal más pequeño que el caballo. Son salvajes en su mayoría.

—Ahora adelántate en el tiempo —le indiqué—.

Eres muy anciano. Trata de ir al último día de tu vida como anciano.

—Pero no soy muy viejo —objetó.

En esas vidas pasadas no se mostraba muy sensible a la sugestión. Lo que pasaba, pasaba. Yo no podía sugerirle que descartara los recuerdos en sí. No podía hacerle cambiar los detalles de lo que había ocurrido y ella estaba recordando.

—¿Hay algo más en esa vida? —pregunté, cambiando de enfoque—. Es importante que lo sepamos.

—Nada importante —respondió, sin emoción.

—Adelántate, en ese caso; adelántate en el tiempo. Averigüemos lo que necesitabas aprender. ¿Lo sabes?

—No, todavía estoy aquí.

—Sí, lo sé. ¿Ves algo?

Pasaron uno o dos minutos antes de que respondiera.

—Estoy flotando —susurró, con suavidad.

—¿Ya has dejado al anciano?

—Sí, estoy flotando.

Había entrado otra vez en el estado espiritual.

—¿Sabes ahora lo que necesitabas aprender? Ha sido otra vida difícil para ti.

—No lo sé. Estoy flotando, nada más.

—Bien. Descansa, descansa.

Pasaron otros minutos en silencio. De pronto ella pareció prestar oídos a algo. Habló abruptamente, con voz alta y grave.

Ésa no era Catherine.

—Hay siete planos en total, siete planos, cada uno

de los cuales consta de muchos niveles; uno de ellos es el plano de la rememoración. Se nos permite ver la vida que acaba de pasar. A los de niveles superiores se les permite ver la historia. Pueden volver y enseñarnos la historia. Pero nosotros, los de los niveles inferiores, sólo podemos ver nuestra propia vida... la que acaba de pasar.

»Tenemos deudas que deben saldarse. Si no hemos pagado esas deudas, las tendremos que llevar con nosotros a otra vida... a fin de que puedan ser elaboradas. Se progresa pagando las deudas. Algunas almas progresan más deprisa que otras. Cuando se está en la forma física y se elabora... se elabora una vida... si algo interrumpe nuestra capacidad de... de pagar esa deuda, debemos regresar al plano de la rememoración, y allí esperar a que el alma con quien estamos endeudados venga a vernos. Y cuando ambas podamos volver al estado físico al mismo tiempo, entonces se nos permitirá volver. Pero cada uno determina cuándo debe volver. Cada uno determina qué debe hacer para pagar esa deuda. No recordará sus otras vidas... sólo aquella de la que acaba de salir. Sólo las almas del nivel superior, los sabios, pueden recurrir a la historia y los sucesos pasados... para ayudarnos, para enseñarnos qué debemos hacer.

»Hay siete planos... siete, a través de los cuales debemos pasar antes de que regresemos. Uno de ellos es el plano de la transición. Allí esperamos. En ese plano se determina qué llevará cada uno a su próxima vida. Todos tendremos... un rasgo dominante. Puede ser la codicia, la lujuria... pero sea lo que fuere lo determinado, necesitamos saldar nuestras deudas con esas personas. Después se debe superar ese rasgo en esa vida. Debemos aprender a superar la codicia. De lo contrario, al retornar tendremos que llevar ese rasgo, además de otro, a la vida siguiente. Las cargas se harán mayores. Con cada vida por la que pasamos sin pagar las deudas, cada una de las siguientes será más dura. Si las saldamos, se nos dará una vida fácil. Así elegimos qué vida vamos a tener. En la fase siguiente somos responsables de la vida que tenemos. La elegimos.

Catherine calló.

Al parecer, eso no provenía de un Maestro. Se identificaba como «nosotros, los de los niveles inferiores», en comparación con las almas del nivel superior, «los sabios». Pero el conocimiento transmitido era tan claro como práctico.

Me quedé pensando en los otros cinco planos y en sus cualidades. ¿Sería uno de ellos la etapa de renovación? ¿Y la etapa de aprendizaje, la de decisión? Toda la sabiduría revelada por esos mensajes recibidos de almas en diversas dimensiones del estado espiritual era consecuente. Aunque difirieran el estilo de expresión, la fraseología y la gramática, el refinamiento del verso y el vocabulario, el contenido se mantenía coherente. Yo iba adquiriendo un conocimiento espiritual sistemático. Y ese conocimiento hablaba de amor y esperanza, fe y caridad. Examinaba virtudes y vicios, deudas para con otros y para con uno mismo. Incluía vidas pasadas y planos espirituales entre una y otra vidas. Y hablaba del progreso del alma por medio de la armonía y el equilibrio, el amor y la sabiduría, el progreso hacia una unión mística y extática con Dios.

En el trayecto se me brindaban muchos consejos prácticos: sobre el valor de la paciencia y de la espera, la sabiduría del equilibrio natural, la erradicación de los miedos, sobre todo del miedo a la muerte; la necesidad de aprender la confianza y el perdón; la importancia de no juzgar a otros, de no interrumpir la vida de nadie; la acumulación y el uso de los poderes intuitivos. Y también, quizá lo más importante de todo, la inconmovible certeza de que somos inmortales. Estamos más allá de la vida y de la muerte, más allá del espacio y del tiempo. Somos los dioses, y ellos son nosotros.

—Estoy flotando.

Catherine volvía a susurrar.

—¿En qué estado te encuentras? —pregunté.

—Nada... estoy flotando... Edward me debe algo... me debe algo...

—¿Sabes cuál es esa deuda?

—No... Algún conocimiento... que me debe. Tenía algo que decirme, tal vez sobre la hija de mi hermana.

—¿La hija de tu hermana? —repetí.

—Sí... es una niña. Se llama Stephanie.

—¿Stephanie? ¿Qué necesitas saber sobre ella?

—Necesito saber cómo ponerme en contacto con ella —respondió.

Catherine nunca me había mencionado la existencia de esa sobrina.

—¿Mantiene una relación muy estrecha contigo? —pregunté.

—No, pero querrá encontrarlos.

—¿A quiénes? —interrogué, confundido.

—A mi hermana y a su esposo. Y la única manera en que podrá reunirse con ellos es a través de mí. Yo soy el lazo. Él tiene información. El padre de la niña es médico; ejerce en Vermont, en la parte sur de Vermont. La información vendrá a mí cuando haga falta.

Más tarde supe que la hermana de Catherine y su futuro esposo habían dado en adopción a una hija recién nacida. Por entonces eran adolescentes y no estaban casados. La adopción fue tramitada por la Iglesia. A partir de entonces no hubo información disponible.

—Sí —asentí—. Cuando llegue el momento.

—Sí. Entonces él me lo dirá. Él me lo dirá.

—¿Qué otra información tiene para ti?

—No lo sé, pero tiene cosas que decirme. Y me debe algo... algo, no sé qué. Me debe algo.

Guardó silencio.

—¿Estás cansada? —le pregunté.

—Veo una brida —fue la respuesta, en susurros—. Unos arreos en la pared. Una brida... veo una manta extendida ante un pesebre.

—¿Es un establo?

—Ahí hay caballos. Muchos caballos.

—¿Qué más ves?

—Veo muchos árboles, con flores amarillas. Ahí está mi padre. Él cuida de los caballos.

Comprendí que me hallaba ante una criatura.

—¿Cómo es él?

—Es muy alto, de pelo gris.

—¿Te ves a ti misma?

—Soy una criatura..., una niña.

—¿Tu padre es el dueño de los caballos o sólo los cuida?

—Sólo los cuida. Vivimos cerca.

—¿Te gustan los caballos?

—Sí.

—¿Tienes un favorito?

—Sí. Mi caballo se llama Manzana.

Recordé la vida de Mandy; allí también había aparecido un caballo llamado Manzana. ¿Estaría repitiendo una vida que ya habíamos experimentado? Tal vez la enfocaba desde otra perspectiva.

—Manzana... sí. Tu padre ¿te deja montar a Manzana?

—No, pero puedo darle cosas para comer. Lo usan para tirar de la carreta del señor, para tirar de su carruaje. Es muy grande. Tiene patas grandes. Si no tienes cuidado, te pisa.

—¿Quién más está contigo?

—Mi madre. Veo a una hermana... es más grande que yo. No veo a nadie más.

—¿Qué ves ahora?

—Sólo los caballos.

—¿Es una época feliz para ti?

—Sí. Me gusta el olor del establo.

Era muy concreta en referencia a ese momento en el establo.

—¿Hueles los caballos?

—Sí.

—¿Y el heno?

—Sí..., tienen la cara tan suave... también hay perros... negros, algunos negros, y algunos gatos... muchos animales. Los perros se usan para cazar. Cuando cazan aves dejan que los perros los acompañen.

—¿Te ocurre algo?

—No. —Mi pregunta era demasiado vaga.

—¿Creces en esa finca?

—Sí. El hombre que cuida de los caballos. —Hizo una pausa—. En realidad no es mi padre.

Eso me confundió.

—¿No es tu verdadero padre?

—No sé, es... no es mi verdadero padre, no. Pero es como un padre para mí. Es un segundo padre. Es muy bueno. Tiene ojos verdes.

—Míralo a los ojos, ojos verdes, y trata de reconocerlo. Es bueno contigo, te quiere.

—Es mi abuelo... mi abuelo. Nos quería mucho. Mi abuelo nos quería mucho. Solía llevarnos a pasear siempre. Nosotros lo acompañábamos a un lugar donde él bebía. Y podíamos tomar gaseosas. Le gustábamos.

Mi pregunta la había sacado de esa vida para llevarla a su estado supraconsciente, observador. Ahora contemplaba la vida de Catherine y sus relaciones con su abuelo.

—¿Aún lo echas de menos? —pregunté.

—Sí —respondió con suavidad.

—Pero ya ves que ha estado antes contigo —expliqué, tratando de reducir su dolor al mínimo.

—Era muy bueno con nosotros. Nos amaba. Nunca nos gritó. Solía darnos dinero y nos llevaba siempre a pasear con él. Eso le gustaba. Pero murió.

—Sí, pero tú volverás a estar con él. Ya lo sabes.

—Sí. He estado antes con él. No era como mi padre. Son muy diferentes.

—¿Por qué uno te quiere tanto y te trata tan bien, mientras que el otro es tan diferente?

—Porque uno ha aprendido. Ha pagado la deuda que tenía. Mi padre no ha pagado su deuda. Ha regresado... sin comprender. Tendrá que hacerlo otra vez.

—Sí —asentí—. Tiene que aprender a amar, a educar.

—Sí —respondió.

—Si no comprenden esto —añadí—, tratan a los hijos como a objetos de su propiedad, no como a personas que merecen amor.

—Sí.

—Tu padre aún debe aprender eso.

—Sí.

—Tu abuelo ya lo sabe...

—Lo sé —interrumpió—. Tenemos muchas etapas que pasar cuando estamos en estado físico, igual que las otras etapas de evolución. Tenemos que atravesar la etapa infantil, la de la niñez, la de la adolescencia... Tenemos que avanzar cierta distancia antes de alcanzar... antes de alcanzar nuestra meta. Las etapas en la forma física son difíciles. En el plano astral son sencillas. Allí sólo descansamos y esperamos. Las otras son las difíciles.

—¿Cuántos planos hay en el estado astral?

—Hay siete —respondió.

—¿Cuáles son? —interrogué, tratando de confirmar los otros, aparte de los dos mencionados un rato antes.

—Sólo me han dicho dos: la etapa de transición y la de rememoración —repuso.

—Ésas son las dos que yo también conozco.

—Más adelante conoceremos las otras.

—Tú has aprendido al mismo tiempo que yo —observé—. Hoy hemos aprendido lo de las deudas. Es muy importante.

—Recordaré lo que deba recordar —añadió, enigmática.

—¿Recordarás estos planos? —inquirí.

—No. Para mí no son importantes. Para ti sí.

No era la primera vez que yo escuchaba algo así. Eso era para mí. Para que la ayudara, pero también más que eso. Para ayudarme, pero también más que esto. Sin embargo, no llegaba a descubrir cuál sería la finalidad más importante.

—Pareces estar mejorando muchísimo —continué—. Aprendes mucho.

—Sí.

—¿Por qué atraes ahora a la gente?

—Porque me he liberado de muchos miedos y puedo ayudar. La gente siente una atracción psíquica hacia mí.

—¿Podrás entendértelas con eso?

—Sí —no cabía duda—. No tengo miedo —agregó.

—Bien. Yo te ayudaré.

—Lo sé —replicó—. Tú eres mi maestro.

13

Catherine se había liberado de sus perturbadores síntomas. Estaba sana incluso más de lo que se puede considerar normal. Sus vidas empezaban a repetirse. Yo sabía que nos acercábamos al final. Lo que ignoraba en aquel día de otoño, mientras Catherine volvía a caer en su trance hipnótico, era que pasarían cinco meses entre esa sesión y la siguiente, que sería la última.

—Veo tallas —comenzó—. Algunas están hechas en oro. Veo arcilla. Hay gente haciendo vasijas. Son rojas... por el material rojo que usan. Veo un edificio marrón, una especie de estructura marrón. Ahí es donde estamos.

—¿Estás en el edificio marrón o cerca de él?

—Estoy dentro de él. Trabajamos en cosas diferentes.

—¿Puedes verte mientras trabajas? —pregunté—. ¿Puedes describirte, describir tu ropa? Mira hacia abajo. ¿Qué ves?

—Tengo una especie de... una tela roja, larga. Y zapatos extraños, como sandalias. Tengo el pelo castaño. Estoy trabajando en una especie de figura. Es la figura de un hombre... un hombre. Tiene algo así como un palo, una... una vara en la mano. Los otros están haciendo cosas con... algunos, con metales.

—¿Esto se hace en una fábrica?

—Es sólo un edificio. Un edificio de piedra.

—La estatua en la que trabajas, el hombre de la vara, ¿sabes quién es?

—No, es sólo un hombre. Se encarga del ganado... de las vacas. Hay muchas allí (estatuas). Nosotros sabemos cómo son. Es un material muy raro. Cuesta trabajarlo. Se desmigaja.

—¿Conoces el nombre del material?

—No veo eso. Sólo rojo, algo rojo.

—¿Qué pasará con la estatua después que la hayas terminado?

—La venderán. Algunas las venderán en el mercado. Otras se las darán a los diferentes nobles. Sólo la mejor artesanía irá a las casas de los nobles. El resto será vendido.

—¿Tratas tú alguna vez con esos nobles?

—No.

—¿Éste es tu trabajo?

—Sí.

—¿Te gusta?

—Sí.

—¿Hace mucho tiempo que haces esto?

—No.

—¿Lo haces bien?

—No muy bien.

—¿Necesitas más experiencia?

—Sí, apenas estoy aprendiendo.

—Comprendo. ¿Vives aún con tu familia?

—No sé, pero veo cajas marrones.

—¿Cajas marrones? —repetí.

—Tienen pequeñas aberturas. Hay una puerta y algunas estatuas dentro. Están hechas de madera, madera de alguna clase. Tenemos que hacer las estatuas para ellas.

—¿Cuál es la función de las estatuas?

—Son religiosas —respondió.

—¿Qué religión hay ahí... la estatua?

—Hay muchos dioses, muchos protectores... muchos dioses. La gente tiene mucho miedo. Aquí se hacen muchas cosas. También hacemos juegos... tableros con agujeros. En los agujeros van cabezas de animales.

—¿Ves algo más ahí?

—Hace mucho calor, y hay polvo... arena.

—¿Hay agua en la zona?

—Sí, baja de las montañas.

Esa vida también empezaba a parecerme familiar.

—¿La gente tiene miedo? —sondeé—. ¿Son supersticiosos?

—Sí. Hay mucho miedo. Todos están asustados. Yo también. Tenemos que protegernos. Hay enfermedad. Tenemos que protegernos.

—¿Qué clase de enfermedad?

—Algo los está matando a todos. Muere mucha gente.

—¿Por el agua? —pregunté.

—Sí. Todo está muy seco... muy caluroso, porque los dioses están enojados y nos castigan.

Estaba reviviendo la vida en que había sido curada con tanis. Reconocí la religión del miedo, la religión de Osiris y Hathor.

—¿Por qué se han enojado los dioses? —pregunté, aunque ya sabía la respuesta.

—Porque hemos desobedecido las leyes. Están enojados.

—¿Qué leyes habéis desobedecido?

—Las establecidas por los nobles.

—¿Cómo se puede apaciguar a los dioses?

—Es preciso usar ciertas cosas. Algunas personas usan cosas colgadas del cuello. Ayudan contra el mal.

—¿Existe algún dios en especial que asuste más a la gente?

—Todos nos asustan.

—¿Sabes los nombres de algunos?

—No sé sus nombres. Sólo los veo. Hay uno que tiene cuerpo humano y cabeza de animal. Otro parece un sol. Hay uno que se parece a un pájaro; es negro. Llevan una cuerda rodeándoles el cuello.

—¿Sobrevives a todo esto?

—Sí. No muero.

—Pero otros miembros de tu familia, sí.

—Sí... mi padre. Mi madre está bien.

—¿Y tu hermano?

—Mi hermano... ha muerto —recordó.

—¿Por qué sobrevives tú? ¿Hay algo especial, algo que tú hayas hecho?

—No —respondió. Luego cambió el centro de atención—. Veo algo con aceite dentro.

—¿Qué ves?

—Algo blanco. Casi parece mármol. Es... alabastro. Una especie de cuenco... con aceite. Se usa para untar la cabeza...

—¿... de los sacerdotes? —completé.

—Sí.

—¿Cuál es ahora tu función? ¿Ayudar con el aceite?

—No. Hago las estatuas.

—¿En ese mismo edificio marrón?

—No... es más tarde... un templo.

Algo la inquietaba.

—¿Tienes algún problema ahí?

—Alguien ha hecho algo en el templo que ha enfurecido a los dioses. No sé...

—¿Has sido tú?

—No, no... sólo veo a los sacerdotes. Están preparando un sacrificio... un animal... Es un cordero. Tienen la cabeza afeitada. No tienen pelo en ningún lado, ni en la cara...

Calló. Los minutos pasaban lentamente. De pronto se puso alerta, como si escuchara algo. Cuando habló, lo hizo con voz grave. Un Maestro se había hecho presente.

—Es en este plano donde a algunas almas se les permite manifestarse a las personas que aún están en la forma física. Se les permite retornar... sólo si han dejado algún acuerdo sin cumplir. En este plano se permite la intercomunicación. Pero los otros planos... Aquí es donde se nos permite utilizar los poderes psíquicos y comunicarnos con las personas que tienen forma física. Hay muchas maneras de hacerlo.

A algunos se les otorga el poder de la vista, para que puedan mostrarse a quienes aún están en la forma física. Otros tienen el poder del movimiento; se les permite mover objetos telepáticamente. Sólo se va a este plano si a uno le es útil ir ahí. Si ha dejado un acuerdo sin cumplir, puede decidir ir ahí para comunicarse de algún modo. Pero eso es todo... para que el acuerdo quede cumplido. Si nuestra vida ha terminado abruptamente, sería un motivo para entrar en este plano. Muchos prefieren ir ahí porque se les permite ver a quienes aún están en la forma física y muy unidos a ellos. Pero no todos quieren tener contacto con ellos. Para algunos puede ser muy aterrador.

Catherine guardó silencio y pareció estar en descanso. De pronto susurró, con suavidad:

—Veo la luz.

—¿Esa luz te da energía?

—Es como empezar... es un renacimiento.

—¿Cómo puede quien está en la forma física sentir esa energía? ¿Cómo recurrir a ella para recargarse?

—Por la mente —respondió suavemente.

—Pero ¿cómo se llega a ese estado?

—Es preciso estar muy relajado. Uno puede renovarse por la luz, por medio de la luz. Es preciso estar muy relajado, de modo que ya no se gasten energías, sino que se renueven. En el sueño uno se renueva. —Estaba en el plano supraconsciente. Decidí ampliar el interrogatorio.

—¿Cuántas veces has renacido? —pregunté—. ¿Han sido todas en este mundo, la Tierra, o también en otros sitios?

—No —respondió—, no todas aquí.

—¿Qué otros planos, a qué otros lugares se va?

—Aún no he terminado lo que debo hacer aquí. No puedo seguir mientras no haya experimentado toda la vida, y no es así. Habrá muchas vidas más... para cumplir con todos los acuerdos y todas las deudas contraídas.

—Pero tú estás avanzando —observé.

—Siempre avanzamos.

—¿Cuántas veces has vivido en la Tierra?

—Ochenta y seis.

—¿Ochenta y seis?

—Sí.

—¿Las recuerdas todas?

—Las recordaré cuando sea importante para mí recordarlas. —Habíamos recorrido fragmentos o grandes partes de diez o doce vidas, y en los últimos tiempos se estaban repitiendo. Al parecer, no tenía necesidad de recordar las setenta y cinco restantes. En verdad había hecho progresos notables, al menos a mi modo de ver. Los progresos que lograra a partir de ese punto podían no depender del recuerdo de otras vidas. Su progreso futuro podía no depender siquiera de mí ni de mi ayuda.

»Algunas personas —susurró suavemente otra vez— tocan el plano astral utilizando drogas, pero no comprenden lo que han experimentado. Pero se les ha permitido cruzar.

La había interrogado sobre las drogas. Ella estaba enseñándome, compartiendo conocimientos, aunque no le hiciera preguntas específicas.

—¿No puedes utilizar tus poderes psíquicos para ayudarte a avanzar aquí? —pregunté—. Pareces estar desarrollándolos cada vez más.

—Sí —asintió—. Es importante, pero no tanto aquí como en otros planos. Es parte de la evolución y el crecimiento.

—¿Importante para mí y para ti?

—Importante para todos nosotros.

—¿Cómo desarrollamos estas facultades?

—Las desarrollamos mediante las relaciones. Hay algunos dotados de altos poderes, que han regresado con más conocimientos. Ellos buscarán a quienes necesiten desarrollo, para ayudarlos. —Cayó en un largo silencio. Luego, dejando su estado supraconsciente, entró en otra vida.

»Veo el océano. Veo una casa cerca del océano. Es blanca. Los barcos van y vienen en el puerto. Huelo el agua marina.

—¿Estás ahí?

—Sí.

—¿Cómo es la casa?

—Es pequeña. Tiene una especie de torre arriba... una ventana desde donde se puede mirar hacia el mar. Hay una especie de telescopio. Es de bronce, madera y bronce.

—¿Usas tú ese telescopio?

—Sí, para buscar barcos.

—¿A qué te dedicas?

—Informamos cuándo entra a puerto un buque mercante.

Recordé lo que había hecho en la vida de Christian, el marinero que se había herido una mano durante una batalla naval.

—¿Eres marinero? —pregunté, buscando la confirmación.

—No sé... Puede ser.

—¿Puedes ver la ropa que llevas?

—Sí. Una especie de camisa blanca y pantalones cortos, pardos, y zapatos con hebillas grandes... Más adelante soy marinero, pero ahora no. —Veía su futuro, pero el acto de hacerlo la hizo saltar hacia allí.

»Estoy herido —gimió, retorciéndose de dolor—. Tengo la mano herida. —Era Christian, en efecto, y volvía a revivir la batalla en el mar.

—¿Ha habido alguna explosión?

—Sí... ¡huelo a pólvora!

—Ya pasará todo —la tranquilicé, puesto que conocía el resultado.

—¡Están muriendo muchos! —aún estaba agitada—, las velas están desgarradas... parte de babor ha desaparecido. —Estaba escudriñando el buque en busca de daños—. Tenemos que reparar las velas. Es preciso repararlas.

—¿Te recobras? —pregunté.

—Sí. Es difícil remendar la tela de las velas.

—¿Puedes trabajar con la mano?

—No, pero estoy observando a otros... velas. Están hechas de lona, una especie de lona, muy difícil de remendar. Han muerto muchos. Sufren mucho. —Hizo una mueca de dolor.

—¿Qué pasa?

—Me duele... la mano.

—Tu mano curada. Adelántate en el tiempo. ¿Vuelves a navegar?

—Sí. —Hizo una pausa—. Estamos en el sur de Gales. Tenemos que defender la costa.

—¿Quiénes os atacan?

—Creo que son los españoles... tienen una flota muy grande.

—¿Qué pasa después?

—Sólo veo la nave. Veo el puerto. Hay tiendas. En algunas de esas tiendas se hacen cirios. Hay tiendas donde se compran libros.

—Sí. ¿Vas a las tiendas de libros?

—Sí. Me gustan mucho. Los libros son estupendos. Veo muchos libros. El rojo es de historia. Hablan de ciudades... de la Tierra. Hay mapas. Me gusta este libro... Hay una tienda donde venden sombreros.

—¿Hay algún lugar para beber? —pregunté, recordando la descripción de la cerveza hecha por Christian.

—Sí, muchos —respondió ella—. Sirven cerveza... cerveza muy oscura... y cierta carne... cordero y pan, pan muy grande. La cerveza es muy amarga, muy amarga. Siento el sabor. También hay vino, y largas mesas de madera...

Decidí llamarla por su nombre de esa vida, para apreciar sus reacciones.

—¡Christian! —grité enérgicamente.

Ella respondió en voz alta, sin vacilar.

—¡Sí! ¿Qué desea usted?

—¿Dónde está tu familia, Christian?

—Está en una ciudad cercana. Zarpamos desde este puerto.

—¿Quiénes componen tu familia?

—Tengo una hermana... Mary, una hermana.

—¿Dónde está tu novia?

—No tengo novia. Sólo las mujeres de la ciudad.

—¿Ninguna en especial?

—No, sólo mujeres... Vuelvo a navegar. Combato en muchas batallas pero estoy ileso.

—Envejeces.

—Sí.

—¿Llegas a casarte?

—Creo que sí. Veo un anillo.

—¿Tienes hijos?

—Sí. Mi hijo también será marino. Hay un anillo con una mano. La mano sostiene algo. No veo qué. El anillo es una mano. Es una mano que sujeta algo. —Comenzó a dar arcadas.

—¿Qué pasa?

—La gente de a bordo está enferma... es por la comida en mal estado. Es cerdo salado.

Las arcadas continuaban. La adelanté en el tiempo y la náusea pasó. Decidí no hacerla pasar nuevamente por el ataque cardíaco de Christian. Como ya estaba exhausta, la saqué del trance.

14

Pasaron tres semanas antes de que volviéramos a vernos. Una breve enfermedad mía y las vacaciones de Catherine provocaron esa demora. Durante ese período, ella continuó madurando. Sin embargo, cuando se inició la sesión parecía ansiosa. Anunció que estaba muy bien y que se sentía mucho mejor; por lo tanto, no creía que la hipnosis pudiera servir más.

Tenía razón, desde luego. En circunstancias ordinarias, podríamos haber terminado con la terapia semanas antes. Yo la había prolongado por mi interés en los mensajes de los Maestros, en parte, y también porque aún persistían algunos pequeños problemas en la vida presente de Catherine. Estaba casi curada y sus vidas se iban repitiendo. Pero ¿y si los Maestros tenían algo más que decirme? ¿Cómo se comunicarían sin Catherine? No ignoraba que, si yo insistía, ella aceptaría continuar con las sesiones. Pero no me sentía con el derecho de insistir. Con cierta tristeza, me mostré de acuerdo. Conversamos sobre lo sucedido en las tres últimas semanas, pero yo no podía poner mucho interés.

Pasaron cinco meses. Catherine conservaba su mejoría clínica. Sus miedos y ansiedades eran mínimos. La calidad de su vida y de sus relaciones se había incrementado espectacularmente. Ahora salía con otros hombres, aunque Stuart aún estaba en escena. Por primera vez desde su infancia, experimentaba goce y verdadera felicidad. De vez en cuando nos cruzábamos en el vestíbulo o en la cafetería, pero no había entre nosotros una relación formal de médico y paciente.

Pasó el invierno y comenzó la primavera. Catherine pidió una entrevista en mi consultorio. Tenía un sueño recurrente sobre cierto sacrificio religioso que se refería a un foso de serpientes. Obligaban a la gente (ella incluida) a bajar al foso. Ella estaba allí, tratando de salir, clavando las manos en las paredes arenosas, con las serpientes abajo. A esta altura del sueño despertaba, con el corazón palpitante.

Pese a la larga separación, cayó muy pronto en un profundo estado hipnótico. No me sorprendió que regresara instantáneamente a una vida antigua.

—Hace mucho calor en donde estoy —comenzó—. Veo a dos hombres negros, de pie junto a unos muros de piedra, fríos y húmedos. Tienen sombreros puestos. Una cuerda les rodea el tobillo derecho. La cuerda está trenzada con cuentas y borlas de adorno. Están construyendo un depósito con piedra y arcilla; ponen trigo allí, una especie de cereal molido. El cereal se trae en un carro con ruedas de hierro. En una parte de la carreta hay esterillas tejidas. Veo agua, muy azul. Alguien da órdenes a los otros. Hay tres peldaños que bajan al granero. Fuera, la estatua de un dios. Tiene cabeza de animal, de ave, y cuerpo de hombre. Es un dios de las estaciones. Los muros están impermeabilizados con una especie de brea, para evitar que entre el aire y para mantener fresco el cereal. Me pica la cara... Veo cuentas azules en mi pelo. Hay bichos ahí, moscas, que me producen escozor en la cara y en las manos. Me pongo algo pegajoso en la cara para espantarlas... tiene un olor horrible; es savia de algún árbol.

»Tengo trenzas en el pelo y cuentas en las trenzas, con hebras de oro. Mi pelo es negro oscuro. Formo parte de la casa real. Estoy allí por alguna festividad. He venido a ver cómo se ungen los sacerdotes... una fiesta a los dioses por la próxima cosecha. Sólo hay sacrificios de animales; de humanos, no. La sangre de los animales sacrificados corre desde una plataforma blanca hasta un cuenco... corre por la boca de una serpiente. Los hombres usan pequeños sombreros dorados. Todo el mundo es de tez oscura. Tenemos esclavos de otras tierras, de allende el mar...

Calló. Nos quedamos esperando, como si los meses no hubieran transcurrido. Ella pareció ponerse alerta, escuchando algo.

—Todo es tan rápido, tan complicado... lo que me dicen... sobre el cambio, el crecimiento y los diferentes planos. Hay un plano de conciencia y un plano de transición. Venimos de una vida y, si las lecciones se han completado, pasamos a otra dimensión, a otra vida. Debemos comprender plenamente. De lo contrario, no se nos permite pasar... tenemos que repetir, porque no aprendemos. Debemos experimentarlo desde todos los aspectos. Debemos conocer el lado de las carencias, pero también el de la entrega. Hay muchísimo que saber, muchísimos espíritus dedicados a eso. Por eso estamos aquí... Los Maestros... son sólo uno en este plano.

Catherine hizo una pausa. Luego habló con la voz del Maestro poeta. Se dirigía a mí.

—Lo que ahora decimos es para ti. Debes aprender ahora por medio de tu propia intuición.

Al cabo de algunos minutos, Catherine volvió a su suave murmullo.

—Hay una cerca negra... dentro, lápidas. Ahí está la tuya.

—¿La mía? —pregunté, sorprendido por la visión.

—Sí.

—¿Puedes leer la inscripción?

—El nombre es «Noble»: 1668-1724. Sobre ella hay una flor... Es en Francia o en Rusia. Usabas un uniforme rojo... te caíste de un caballo... Hay un anillo de oro... con una cabeza de león... usado como insignia.

No hubo más. Según interpreté, la declaración del Maestro poeta significaba que no habría más revelaciones por medio de la hipnosis de Catherine.

En efecto, así fue. No hubo más sesiones. Su curación era completa y yo había aprendido todo lo que podía aprender mediante las regresiones. El resto, lo que estaba en el futuro, tendría que aprenderlo mediante mi propia intuición.

15

Dos meses después de nuestra última sesión, Catherine llamó para pedir una entrevista, diciendo que tenía algo muy interesante que contarme.

Cuando entró en el consultorio me sorprendió por un instante la presencia de la nueva Catherine, feliz, sonriente, irradiando una paz interior que la hacía refulgir. Por un momento pensé en la Catherine de un principio, en lo mucho que había progresado en tan corto tiempo.

Catherine había ido a visitar a Iris Saltzman, una conocida astróloga psíquica que se especializaba en lectura de vidas pasadas. Eso me sorprendió un poco, pero comprendí la curiosidad de Catherine y su necesidad de buscar alguna confirmación de lo que había experimentado. Me alegró que sintiera la suficiente confianza como para hacer eso.

En tiempos recientes, una amiga le había hablado de Iris. Llamó para pedirle una entrevista, sin decir nada a Iris de lo que había ocurrido en mi consultorio.

Iris le pidió sólo la fecha, la hora y el lugar de su

nacimiento. Según le explicó, con eso construiría una carta astral que, en conjunción con sus propios dones intuitivos, le permitiría discernir detalles de las vidas pasadas de Catherine.

Era la primera experiencia de mi paciente con una parapsicóloga y no sabía qué esperar. Para asombro suyo, Iris corroboró la mayor parte de lo que ella había descubierto bajo hipnosis.

La psíquica fue pasando gradualmente de un estado alterado de conciencia; lo conseguía hablando y tomando anotaciones en el gráfico astrológico, apresuradamente construido. Minutos después de haber entrado en ese estado, Iris se llevó la mano al cuello y anunció que, en una vida anterior, Catherine había sido estrangulada y degollada. El degüello se había producido en tiempos de guerra; Iris veía llamas y destrucción en la aldea, muchos siglos antes; dijo que, por entonces, Catherine era un hombre joven.

Con ojos vidriosos, la describió acto seguido como un hombre joven vestido de uniforme naval, con pantalones negros, cortos, y zapatos de hebillas extrañas. De pronto se apretó la mano izquierda y experimentó un dolor palpitante, exclamando que algo agudo le había atravesado la mano, y que le dejaría una cicatriz permanente. Había grandes batallas marítimas frente a la costa inglesa. Pasó a describir una vida de navegación.

Describió otros fragmentos de vida. Hubo una breve existencia en París, como niño, que murió joven y en la pobreza. En otra ocasión fue una india americana en la costa sudoeste de Florida; por entonces era curandera y caminaba descalza; su piel era oscura y tenía ojos extraños. Aplicaba ungüentos a las heridas y daba medicamentos preparados con hierbas; era muy psíquica. Le encantaba llevar una joya con piedras azules, mucho lapislázuli, y una piedra roja entre ellas.

En otra vida Catherine fue española y vivió de la prostitución; su nombre comenzaba con la letra L. Vivía con un hombre mayor.

En otra fue la hija ilegítima de un caballero adinerado, que tenía muchos títulos. Iris vio el escudo de la familia en las jarras de la casa grande. Dijo que Catherine era muy rubia y que tenía dedos largos, finos. Tocaba el arpa. Su matrimonio fue convenido. Amaba a los animales, especialmente a los caballos, y los trataba mejor que a las personas que la rodeaban.

En una breve vida fue un niño marroquí que murió en la juventud, a consecuencia de una enfermedad. Una vez vivió en Haití, dedicada a prácticas mágicas.

En una vida antigua fue egipcia y estuvo relacionada con los ritos fúnebres de esa cultura. Era mujer, de pelo trenzado.

Había vivido varias veces en Francia y en Italia. Pasó una de esas existencias en Florencia, dedicada a la religión. Más tarde se trasladó a Suiza, donde tuvo algo que ver con un monasterio; era mujer y tenía dos hijos varones; le gustaban el oro y las esculturas de ese material; llevaba una cruz de oro. En Francia había estado encarcelada en un lugar frío y oscuro.

En otra vida, Iris vio a Catherine como hombre de uniforme rojo, trabajando con caballos y soldados. El uniforme, rojo y dorado, parecía ruso. Pasó otra existencia como esclava nubia en el antiguo Egipto. En algún momento la capturaron y la arrojaron a la cárcel. También fue un japonés, dedicado a libros y a la enseñanza, muy erudito. Trabajaba en varias escuelas y vivió hasta edad muy avanzada.

Por fin había una vida más reciente: como soldado alemán muerto en combate.

Me fascinó la detallada exactitud de esos acontecimientos pasados descritos por Iris. Era asombroso el modo en que se correspondían con los recuerdos de la propia Catherine bajo regresión hipnótica: la herida en la mano sufrida por Christian en la batalla naval y la descripción de sus ropas; Luisa, la prostituta española; Aronda y los entierros egipcios; Johan, el joven invasor degollado por una antigua encarnación de Stuart mientras ardía la aldea de éste; Eric, el malhadado piloto alemán, etcétera.

También había coincidencias con la vida actual de Catherine. Por ejemplo: a ella le encantaban las joyas de piedras azules, sobre todo el lapislázuli. Sin embargo, no se había puesto ninguna para asistir a la entrevista con Iris. Siempre le habían gustado los animales, sobre todo los caballos y los gatos; se sentía más a salvo con ellos que con la gente. Y si hubiera podido elegir una ciudad en el mundo entero, habría elegido Florencia.

Bajo ningún concepto diría yo que esta experiencia es un experimento científico válido. No habría modo de controlar las variables. Pero ocurrió y creo que es importante relatarlo aquí.

No tengo certeza de lo que pueda haber ocurrido ese día. Tal vez Iris utilizó inconscientemente la telepatía para «leer» la mente de Catherine, puesto que las vidas pasadas ya estaban en su subconsciente. O tal vez era, verdaderamente, capaz de percibir información de vidas pasadas mediante el uso de sus poderes psíquicos. De un modo u otro, las dos obtuvieron la misma información por medios diferentes. Lo que Catherine supo por regresión hipnótica, Iris lo alcanzó por medio de canales psíquicos.

Muy pocas personas pueden hacer lo que hizo Iris. Muchos de los que se jactan de psíquicos no hacen sino aprovecharse de los miedos del prójimo, así como de su curiosidad por lo desconocido. Hoy en día, los falsos parapsicólogos parecen brotar como hongos. La popularidad de libros tales como *Out on a Limb*, de Shirley MacLaine, ha provocado un torrente de nuevos «médiums en trance». Muchos vagan por ahí, anunciando su presencia, y se ponen en «trance» para decirle al público, embobado y sobrecogido, lugares comunes tales como: «Si no estás en armonía con la naturaleza, la naturaleza no estará en armonía contigo.» Estas declaraciones suelen hacerse con una voz muy diferente de la habitual en un médium; con frecuencia están teñidas de algún acento extranjero. Los mensajes son vagos y aplicables a una amplia variedad de personas. Muchas veces se refieren, sobre todo, a las dimensiones espirituales, que resultan difíciles de valorar.

Es importante separar lo falso de lo cierto, para que ese campo no caiga en el descrédito. Hacen falta científicos conductistas serios para que se encarguen de este importante trabajo; psiquiatras, para que efectúen diagnósticos y descarten las enfermedades mentales, las falsedades y las tendencias sociopáticas; también los estadísticos, los psicólogos y los médicos son vitales para estas evaluaciones y las pruebas posteriores.

Los pasos importantes que se den en este campo tendrán que utilizar una metodología científica. La ciencia postula una hipótesis (supuesto preliminar hecho sobre la base de una serie de observaciones) para explicar un fenómeno. A partir de ahí es preciso poner a prueba esa hipótesis bajo condiciones controladas. Es preciso demostrar y reproducir los resultados de esas pruebas antes de formar una teoría. Una vez que los científicos obtienen una teoría aparentemente sólida, ésta debe ser puesta a prueba una y otra vez por otros investigadores, con resultados iguales.

Los estudios detallados, científicamente satisfactorios, de los doctores Joseph B. Rhine, de la Universidad de Duke; Ian Stevenson, de la Universidad de Virginia, departamento de psiquiatría; Gertrude Schmeidler, del Colegio de la Ciudad de Nueva York, y muchos otros investigadores serios, demuestran que esto es posible.

16

Han pasado casi cuatro años desde que Catherine y yo compartimos esta increíble experiencia. Nos ha cambiado profundamente a ambos.

De vez en cuando ella pasa por mi consultorio para saludarme o para analizar algún problema que pueda tener. Nunca ha sentido la necesidad ni el deseo de someterse a otra regresión, ya sea para resolver un síntoma o para averiguar qué relación pueda haber tenido en el pasado con las personas a quienes acaba de conocer. La obra está terminada. Catherine está ahora en libertad para disfrutar plenamente de su vida, sin verse paralizada por sus síntomas incapacitantes. Ha hallado una felicidad y un contento que nunca había creído posibles.

Ya no teme a la enfermedad ni a la muerte. Para ella la vida tiene un significado y un objetivo, puesto que está equilibrada y en armonía consigo misma. Irradia una paz interior que muchos desean, pero pocos obtienen. Se siente más espiritual. Para Catherine, lo que ha ocurrido es muy real. No duda de la verdad de ningún fragmento, lo acepta todo como parte integrante de su persona, tal como es. No tiene interés alguno en estudiar los fenómenos psíquicos, pues considera que «sabe» como nunca podría saber mediante libros o conferencias. Muchas veces la buscan personas que van a morir o que van a perder a un miembro de su familia. Ella parece atraerlos. Se sienta a conversar con ellos y logra que se sientan mejor.

Mi vida ha cambiado casi tan drásticamente como la de Catherine. Me he vuelto más intuitivo; capto mejor las partes ocultas de mis pacientes, colegas y amigos. Al parecer, sé muchas cosas sobre ellos aun antes de lo debido. Mi sistema de valores, las metas de mi vida han adquirido un enfoque más humanista, menos acumulativo. Psíquicos, médiums, curanderos y otros aparecen en mi vida con una frecuencia cada vez mayor, y he comenzado a evaluar sistemáticamente sus habilidades. Carole se ha desarrollado junto conmigo. Es especialmente capaz cuando se trata de ayudar en los casos de fallecimiento; ahora dirige grupos de apoyo para pacientes que agonizan por el sida.

He comenzado a meditar, cosa que, hasta hace poco, creía factible sólo para hindúes y californianos. Las lecciones transmitidas por medio de Catherine se han convertido en parte consciente de mi vida cotidiana. Al recordar el significado más profundo de la vida, al pensar en la muerte como parte natural de la existencia, me he vuelto más paciente, más empático, más afectuoso. También me siento más responsable de mis acciones, tanto las negativas como las elevadas. Sé que habrá que pagar un precio. Lo que va, efectivamente, vuelve.

Aún escribo artículos científicos, doy conferencias en congresos de profesionales y dirijo el departamento de Psiquiatría. Pero ahora vivo entre dos mundos: el mundo fenoménico de los cinco sentidos, representado por el cuerpo y las necesidades físicas, y el mundo mayor de los planos no físicos, representados por el alma y el espíritu. Sé que los mundos están vinculados, que todo es energía. Sin embargo, muchas veces parecen guardar gran distancia entre sí. Mi trabajo consiste en conectar esos mundos, en documentar cuidadosa y científicamente esa unidad.

Mi familia ha mejorado. Tanto Carole como Amy han descubierto en sí capacidades psíquicas que superan el promedio normal, y alentamos alegremente el desarrollo de esos poderes. Jordan se ha convertido en un potente y carismático adolescente, líder por naturaleza. Por mi parte, por fin me estoy volviendo menos serio. Y a veces tengo sueños que se salen de lo común.

En los meses que siguieron a la última sesión de Catherine, en mis sueños comenzó a aparecer una tendencia peculiar. A veces tenía un sueño vívido, en el cual me encontraba escuchando una conferencia o formulando preguntas al conferenciante. El nombre de ese maestro era Filón. Al despertar, a veces recordaba parte del material analizado y lo anotaba. Aquí incluyo algunos ejemplos. El primero era una conferencia, en la cual reconocí la influencia de los mensajes de los Maestros.

«... La sabiduría se alcanza con mucha lentitud. Esto se debe a que el conocimiento intelectual, fácilmente adquirido, debe convertirse en conocimiento "emocional" o subconsciente. Una vez transformado, la huella es permanente. La práctica conductista es el catalizador necesario para esta reacción. Sin acción, el concepto se marchita y desvanece. El conocimiento teórico sin aplicación práctica no es suficiente.

»Hoy en día se descuidan el equilibrio y la armonía; sin embargo, son las bases de la sabiduría. Todo se hace en exceso. La gente se excede en el peso porque come demasiado. Los deportistas descuidan aspectos de sí mismos y de los demás por correr en exceso. La gente parece excesivamente mezquina. Se bebe demasiado, se fuma demasiado, se está demasiado de juerga (o demasiado poco), se conversa demasiado sin satisfacción, se tienen demasiadas preocupaciones. Hay demasiadas ideas en blanco o negro. Todo o nada. La naturaleza no es así.

»En la naturaleza hay equilibrio. Los animales destruyen en pequeñas cantidades. Los sistemas ecológicos nunca son eliminados en masa. Las plantas consumidas vuelven a crecer. Las fuentes de sustento proveen y vuelven a reponerse. Se disfruta de la flor, se come la fruta, se preserva la raíz.

»La humanidad no ha aprendido el equilibrio; mucho menos lo ha practicado. Se guía por la codicia y la ambición; se conduce por el miedo. De este modo acabará por aniquilarse. Pero la naturaleza sobrevivirá, al menos las plantas.

»En verdad, la felicidad arraiga en la sencillez. La tendencia al exceso en el pensamiento y en la acción disminuye la felicidad. El exceso nubla los valores básicos. Los religiosos nos dicen que la felicidad se logra llenando el corazón de amor, fe y esperanza, practicando la caridad y brindando bondad. En verdad tienen razón. Dadas estas actitudes, habitualmente vienen el equilibrio y la armonía. Son, colectivamente, un estado del ser. En estos tiempos son un estado alterado de conciencia. Es como si la humanidad no permaneciera en su estado natural mientras vive en la Tierra. Tiene que llegar a un estado alterado a fin de llenarse de amor, caridad y sencillez, para sentir pureza, para deshacerse de sus temores crónicos.

»¿Cómo se llega a ese estado alterado, a ese otro sistema de valores? Y una vez que se llega a él ¿cómo sustentarlo? La respuesta parece simple. Es el denominador común de todas las religiones. La humanidad es inmortal; lo que hacemos ahora es aprender nuestras lecciones. Todos estamos en la escuela. Todo es muy simple, si se puede creer en la inmortalidad.

»Si una parte del ser humano es eterna (y en la historia hay sobradas evidencias para pensarlo así), ¿por qué nos tratamos tan mal? ¿Por qué pasamos por encima del prójimo en "provecho" personal, si en realidad estamos desechando la lección? Al parecer, todos vamos hacia el mismo sitio, aunque a diferente velocidad. Nadie es más grande que los demás.

»Analicemos las lecciones. Intelectualmente, las respuestas siempre han estado ahí, pero esta necesidad de actualizarlas por experiencia, de hacer permanente la huella subconsciente al "emocionalizar" y practicar el concepto, es la clave de todo. No basta memorizar en la escuela dominical. Parlotear sin practicar de nada sirve. Resulta fácil leer sobre el amor, la caridad y la fe, o conversar sobre ello. Pero practicarlos, sentirlos, requiere casi un estado alterado de conciencia. No se trata del estado transitorio inducido por las drogas, el alcohol o una emoción inesperada. El estado permanente se alcanza mediante el conocimiento y la comprensión. Se mantiene mediante la actividad física, mediante la acción y la práctica. Consiste en tomar algo casi místico y transformarlo en cosa de todos los días mediante la práctica, haciendo de eso un hábito.

»Comprendamos que nadie es mejor que otro. Sintámoslo. Practiquemos la ayuda al prójimo. Todos remamos en el mismo bote. Si no lo hacemos juntos, nuestros equipos se encontrarán muy solos.»

Otra noche, en un sueño diferente, hice una pregunta: «¿Por qué dice usted que todos somos iguales, cuando las contradicciones obvias son tan evidentes? ¿Diferencia en las virtudes, en el temperamento, el dinero, los derechos, la capacidad y el talento, la inteligencia, la aptitud para las matemáticas, y así hasta el infinito?»

La respuesta fue una metáfora: «Es como si dentro de cada persona se pudiera encontrar un gran diamante. Imaginemos un diamante de un palmo de longitud. Ese diamante tiene mil facetas, pero todas están cubiertas de polvo y brea. La misión de cada alma es limpiar cada una de esas facetas hasta que la superficie esté brillante y pueda reflejar un arco iris de colores.

»Ahora bien, algunos han limpiado muchas facetas y relucen con intensidad. Otros sólo han logrado limpiar unas pocas, que no brillan tanto. Sin embargo, por debajo del polvo, cada persona posee en su pecho un luminoso diamante, con mil facetas refulgentes. El diamante es perfecto, sin un defecto. La única diferencia entre las diferentes personas es el número de facetas que han limpiado. Pero cada diamante es el mismo y cada uno es perfecto.

»Cuando todas las facetas estén limpias y brillen en el espectro de la luz, el diamante volverá a la energía pura que fue en su origen. La luz permanecerá. Es como si el proceso requerido para hacer el diamante se invirtiera, liberada ya por toda la presión. La energía pura existe en el arco iris de luces, y las luces poseen conciencia y conocimiento.

»Y todos los diamantes son perfectos.»

A veces, las preguntas son complicadas y las respuestas, simples.

—¿Qué debo hacer? —preguntaba yo en un sueño—. Sé que puedo tratar y curar a la gente que sufre. Vienen a mí en mayor número de los que puedo atender. Estoy muy cansado. Pero ¿puedo negarme cuando me necesitan tanto? ¿Es correcto decir «Ya basta»?

—Tu papel no es el ser un salvavidas —fue la respuesta.

El último ejemplo que voy a citar fue un mensaje a otros psiquiatras. Desperté a eso de las seis de la mañana; en mi sueño había estado dando una conferencia a una vasta congregación de psiquiatras.

«En la carrera hacia la cada vez mayor incorporación de la medicación en psiquiatría, es importante que no abandonemos las enseñanzas tradicionales de nuestra profesión, aunque a veces parezcan vagas. Somos nosotros quienes aún conversamos con nuestros pacientes, con paciencia y compasión. Aún nos tomamos tiempo para hacerlo. Facilitamos el entendimiento conceptual de la enfermedad, curando con comprensión y mediante el descubrimiento inducido del conocimiento de sí mismo, no sólo con rayos láser. Aún utilizamos la esperanza para curar.

»En esta época actual, otras ramas de la medicina consideran que estos enfoques tradicionales de la curación son demasiado ineficaces, que consumen tiempo y no tienen base. Prefieren la tecnología al diálogo, la química de sangre analizada por computadora a la química personal entre el paciente y el médico, que cura al paciente y proporciona satisfacción al médico. Los enfoques idealistas, éticos, personalmente gratificantes de la medicina, pierden terreno ante los económicos, eficientes, aislantes y destructores de la satisfacción. Como resultado, nuestros colegas se sienten cada vez más aislados y deprimidos. Los pacientes, masificados y vacíos, como si nadie se ocupara de ellos.

»Debemos evitar la seducción de la alta tecnología. Antes bien, deberíamos ser modelos para nuestros colegas. Deberíamos demostrar que la paciencia, la comprensión y la compasión ayudan tanto al paciente como al médico. Reservar más tiempo para dialogar, para enseñar, para despertar la esperanza y la expectativa de curación: estas cualidades del médico-curandero, medio olvidadas, son las que debemos emplear siempre, como ejemplo para nuestros médicos colegas.

»La alta tecnología es maravillosa para la investigación y para facilitar la comprensión de la enfermedad humana. Puede ser un valioso instrumento clínico, pero jamás reemplazará las características y los métodos inherentemente personales de los verdaderos médicos. La psiquiatría puede ser la más digna de las especialidades médicas. Somos los maestros. No deberíamos abandonar este papel en aras de la asimilación: ahora, menos que nunca.»

Aún tengo ese tipo de sueños, aunque sólo ocasionalmente. Con frecuencia, mientras medito, mientras conduzco por la autopista o incluso en las ensoñaciones, me surgen en la mente frases, ideas, visualizaciones. Muchas veces se parecen muy poco a mi modo consciente y habitual de pensar o conceptualizar. Suelen ser muy oportunos para resolver cuestiones o preguntas del momento. Los uso en la terapia y en mi vida cotidiana. Considero que estos fenómenos son una expansión de mis capacidades intuitivas y me siento alentado por ellos. Para mí, son la señal de que me encamino en la dirección correcta, aunque aún me reste mucho camino por recorrer.

Presto atención a mis sueños y a mis intuiciones. Cuando lo hago, todo parece marchar bien. En caso contrario, invariablemente algo falla.

Aún siento a los Maestros a mi alrededor. No estoy seguro de que ellos influyan en mis sueños y mis intuiciones, pero sospecho que sí.

Epílogo

Este libro está ya completo, pero la historia continúa. Catherine sigue curada, sin que se hayan repetido sus síntomas originarios. Al inducir a regresión a otros pacientes he puesto mucho cuidado. Me guío por la constelación particular de síntomas de cada uno y por lo refractario que se muestre a otros tratamientos, por la disposición a dejarse hipnotizar con facilidad, por su aceptación de este enfoque y por la certeza intuitiva de que es el camino a seguir. Desde el caso de Catherine he llevado en regresiones detalladas a múltiples vidas pasadas a doce pacientes más. Ninguno de ellos era psicópata, tenía alucinaciones ni padecía de personalidad múltiple. Todos mejoraron espectacularmente.

Esos doce pacientes tienen personalidades y antecedentes muy dispares. Un ama de casa judía, de Miami, recuerda vívidamente haber sido violada por un grupo de soldados romanos en Palestina, poco después de la muerte de Jesús. Administró un burdel en Nueva Orleans, en el siglo XIX; en la Edad Media vivió en un monasterio francés y tuvo una vida dolorosa en Japón. Aparte de Catherine, es la única de mis pacientes que ha podido transmitirme mensajes del estado intermedio. Esos mensajes son sumamente psíquicos. También ella apuntó hechos y datos de mi pasado. Tiene una facilidad aún mayor para predecir acertadamente acontecimientos futuros. Sus mensajes provienen de un espíritu en especial, y actualmente estoy catalogando con cuidado sus sesiones. Aún soy científico. Todo ese material debe ser analizado, evaluado y verificado.

Los otros no pudieron recordar mucho, aparte de morir, el abandono del cuerpo y flotar hasta la luz brillante. Ninguno pudo transmitirme mensajes o pensamientos. Pero todos tenían vívidos recuerdos de sus vidas anteriores. Un brillante corredor de bolsa llevó una existencia agradable, aunque aburrida, en la Inglaterra victoriana. Un artista fue torturado durante la Inquisición española. El propietario de un restaurante, que no podía cruzar en automóvil puentes ni túneles, recordó haber sido sepultado vivo en una antigua cultura del Próximo Oriente. Un joven médico recordó su trauma en el mar, cuando era vikingo. Un ejecutivo de televisión fue atormentado en Florencia, hace seiscientos años. La lista continúa.

Todas estas personas recordaron también otras vidas. Los síntomas se resolvían al desplegarse las vidas.

En la actualidad, todos están firmemente convencidos de que han vivido anteriormente y de que volverán a vivir. El miedo a la muerte ha disminuido.

No es necesario que todo el mundo se someta a la

terapia de regresión, que visite a parapsicólogos, ni siquiera que medite. Quienes padezcan síntomas molestos o incapacitantes pueden hacerlo.

En cuanto al resto, la tarea más importante consiste en mantener la mente abierta. Comprendamos que la vida no es sólo lo que tenemos a la vista. La vida va más allá de nuestros cinco sentidos. Seamos receptivos a los conocimientos y experiencias novedosos. «Nuestra misión es aprender, llegar a ser como Dios mediante el conocimiento.»

Ya no me preocupa el efecto que pueda tener este libro en mi carrera. La información que he compartido es mucho más importante; si se le presta atención, será más benéfica para el mundo que cuanto yo pueda hacer en mi consultorio, en el plano individual.

Confío en que te haya ayudado lo que has leído aquí; que tu propio miedo a la muerte haya disminuido; que los mensajes ofrecidos con respecto al verdadero sentido de la vida te den libertad para continuar viviendo la tuya en plenitud, buscando la armonía y la paz interior, ofreciendo amor a tu prójimo.

OTROS TÍTULOS DE LA COLECCIÓN

Las nueve revelaciones

JAMES REDFIELD

Al principio solo era un pequeño volumen que su autor, James Redfield, publicó por su cuenta y riesgo. Pero muy pronto todos estaban hablando de *Las nueve revelaciones* como del libro que cambiaría nuestra visión acerca del destino humano. Una década más tarde, lleva vendidos casi seis millones de ejemplares en treinta y dos países.

La historia habla de un antiguo manuscrito escondido en la selva peruana, que guarda en sus páginas nueve revelaciones esenciales para comprender el presente y el futuro. La búsqueda del texto perdido supone un gran esfuerzo no exento de riesgos, pero la tenacidad de un pequeño grupo de sabios aventureros pondrá por fin en manos de todos estas claves de un mensaje simple y directo que apunta a nuestra espiritualidad y puede abrir un nuevo capítulo en nuestras vidas.

Dios vuelve en una Harley

JOAN BRADY

Con treinta y siete años y una figura que no se ajusta a los cánones de belleza, Christine tiene pocas esperanzas de encontrar al hombre con quien compartir su futuro. Lo que no sabe es que Dios ha vuelto a la tierra para entregarle unas simples reglas de vida, acordes con nuestro tiempo, que harán de ella una mujer distinta y libre.

Aunque vista chupa de cuero y cabalgue una Harley Davidson, en sus ojos se halla la sabiduría y en sus palabras sencillas descubrimos lo que siempre habíamos sospechado: el camino hacia la felicidad empieza y acaba en nosotros mismos.

«Una magnífica historia que nos hace sentir vivos y libres.»

John Gray

Dios en una Harley: El regreso

JOAN BRADY

A los magros ingresos de su marido, un músico sin futuro, Christine aporta su sueldo de enfermera, ganado tras largas horas de trabajo nocturno.

Ha pasado mucho tiempo desde que Dios la visitara –bajo la insólita apariencia de un apuesto joven montado en una Harley Davidson– y que con sus palabras sencillas y sabias le indicara el camino hacia la felicidad.

Al casarse con Jim, estaba segura de que jamás volvería a sentirse sola. Sin embargo, el fuego de la relación se ha extinguido, y percibe que la vida se le escapa de las manos. La angustia está a punto de ahogarla. Ha olvidado que tiene un amigo que nunca la abandonaría, y que responderá a su llamada silenciosa...

Joan Brady es autora del best sellers *Dios vuelve en una Haryley.*

Muchos cuerpos, una misma alma

BRIAN WEISS

En su célebre obra *Muchas vidas, muchos maestros*, el doctor Brian Weiss relataba su investigación sobre el poder curativo de la regresión a vidas anteriores. Ahora, en este libro fascinante e innovador, nos revela que así como todos hemos vivido existencias anteriores, todos viviremos otras en el futuro. Lo que hagamos en esta vida influirá sobre nuestras reencarnaciones futuras, a lo largo del camino de evolución hacia la inmortalidad. Ésta es una obra revolucionaria, que ahonda en los descubrimientos del doctor Weiss sobre el pasado para transportar a sus millones de lectores hasta un futuro individual y colectivo de cuya creación son responsables ellos mismos. Por el camino, sus vidas quedarán transformadas profundamente y encontrarán más paz, más felicidad y soluciones a sus problemas.